读经典 塑品格

道德经里的自然哲学

朱晓平 编著

南方日报出版社
NANFANG DAILY PRESS
中国·广州

图书在版编目（CIP）数据

道德经里的自然哲学 / 朱晓平编著. — 广州：南方日报出版社，2023.1（2023.5重印）

（读经典　塑品格）

ISBN 978-7-5491-2664-4

Ⅰ.①道… Ⅱ.①朱… Ⅲ.①道家②《道德经》—青少年读物 Ⅳ.①B223.1-49

中国版本图书馆CIP数据核字（2022）第248212号

DU JINGDIAN　　SU PINGE
读经典　塑品格
DAODEJING LI DE ZIRAN ZHEXUE

道德经里的自然哲学

朱晓平　编著

出版发行：南方日报出版社
地　　址：广州市广州大道中289号
出 版 人：周山丹
策 划 人：柏沐芸
责任编辑：方　明　曹　星
特约编辑：曾巧英　苏金璇
责任技编：王　兰
责任校对：阮昌汉
文稿统筹：何亚珂　张　煜
插图绘制：谢　晨
装帧设计：李　健
经　　销：全国新华书店
印　　刷：长沙鸿发印务实业有限公司
开　　本：710 mm×960 mm　1/16
印　　张：11.25
字　　数：146千字
版　　次：2023年1月第1版
印　　次：2023年5月第3次印刷
定　　价：45.00元

投稿热线：（020）87360640　　读者热线：（020）87363865
发现印装质量问题，影响阅读，请与承印厂联系调换。

推荐序一

当晓平老师邀请我写序的时候,我心中有一惊又有一喜,更有一分自然的好奇。

一惊,晓平老师写的是跟《道德经》有关的书籍,一般人不太敢写与《道德经》有关的书籍,因为这需要莫大的智慧。看得出晓平老师有一份淡定与自信,同时,晓平老师他是一位悟者,而且是一直在悟,从不间断地在悟,看见看不见的世界也只能靠悟,不是头脑的理解而是心灵的觉察与通过觉察上升为理解的觉知。

一喜,从本书的编排里看到了从"原文""译文""塑品格""微觉察"四个层面的递进。最终是透过"道"来指引与启发我们对自身品格的修炼以及觉察力的提升。正如晓平老师常与我们说的"人人是老师,事事是案例,处处是学校",我们的动机与注意力的方向让我们不断地抽取世界,如果能从"道"来抽取世界,那抽取到的每一点都是"道",那不正是从"悟道"到"悟到"吗?

一分自然的好奇,任何事物不管大与小其实都是道的显化,正所谓一花一世界啊。我很好奇,晓平老师会在"道"里发现什么样的智慧呢？这一点，也是我对本书更好奇的地方，因为本书书名叫《道德经里的自然哲学》。觉察力的其中一项叫"看见所忽视的真实世界"，我个人认为这正是体现出一个人开悟的程度。《道德经》有众多不同的读本，我们可以有非常多的选择，那为什么要读晓平老师这本书呢？这是因为，我们可以站在晓平老师的角度去发现，也可以站在我们自身的角度去发现。这也算是一份新的读书体验吧！

林青贤（字：恒辰）

2022 年 12 月 6 日于珠海家中

推荐序二

朱晓平老师这本《道德经里的自然哲学》，写得很好。它结构明确：有插图，画面优美；有原典，八十一章一字不漏，不脱文；有注释，清楚解释疑难字词；有译文，清新易懂，帮助了解经典意思；有品格教育的延伸，直指人心，扩展学习深度，引导读者进行自我察觉，举一反三。这样的结构可以帮助所有年龄层的读者快速进入《道德经》的思想世界，奠立国学基础。

在中国文化的发展过程中，《道德经》能够始终作为人生最高智慧宝典，关键就是，它指出了人际关系的三大规律：有无相生、反者道之动、弱者道之用。人与人的相处，你突出了什么，它的对立面就被意识到了，这就是有无相生；如果不能限制对立面的发展，事情就会朝你所不乐见的反面去发展，这就是反者道之动；为了避免这类事情的发生，你就要避免这个突出的一面，也就是要采取弱者道之用的做法。掌握了这三大规律，你便可以在复杂的人际关系中，始终保持你的优势，掌握资源，掌握地位，掌握做事情的权力，进而为社会做出贡献，成为团体中永远屹立不摇的领导者。但若是不了解人心，一味标榜自己，过度突出优势，就会被厌弃，陷入反者道之动的命运。因此，时刻谦虚低调，弱者道之用，就可以永葆优势与资源。

老子的哲学，不是与儒家对立的，而是儒家的补充面。儒家强调责任感，坚定道德意志；老子强调人心的险恶，探索事物的底层规律，既要做事，又要趋吉避凶。所以，《论语》和《道德经》都是人生智慧的宝典。老子哲学的关键就是借由玄德与玄同的抽象原理，创造资源，明哲保身。玄德就是给而不取，玄同就是和光同尘。按照这样的原理做事的人才能既有贡献又不致因被嫉妒、忌惮、怨恨而败下阵来。老子说以无有入无间，就是告诫人们：社会斗争是惨烈的，好处是不会分给你的，你要为社会做出贡献，就不要有分一杯羹的心态，这样不仅危险不会近身，还可以大有作为。这不是圣贤是什么？所以，老子是最大的儒者。想要成就事业，就要放下名利。难以勘破名利之关，是众多志士仁人功败垂成、只能愤世嫉俗的原因。而学会《道德经》的智慧，正是完成儒家使命的唯一进路。

中华文化博大精深。《论语》是第一部要学习的经典，用于建立健全的人格与正确的人生观；而《道德经》则是深化儒家思想的智慧宝典，用于学习处事应变的技巧。坚守《论语》的价值立场，鞠躬尽瘁，再有一部《道德经》在手，用为心法。照这样去修行自己，人格与能力才是完整的。

感佩朱晓平老师的用心注解、阐释，要言不烦，深入经典，协助读者读懂老子。

上海交通大学特聘教授、人文学院国学研究中心主任　杜保瑞
2022 年 11 月 20 日

目 录

第一章　　　2
　　◇用心觉察　当下感悟◇ …………… 3

第二章　　　4
　　◇敬畏自然　感恩谦让◇ …………… 5

第三章　　　6
　　◇清心寡欲　成长内在◇ …………… 7

第四章　　　8
　　◇保持敬畏　依道而行◇ …………… 9

第五章　　　10
　　◇顺其自然　平等待人◇ …………… 11

第六章　　　12
　　◇感恩源头　能量不绝◇ …………… 13

第七章　　　14
　　◇谦让不争　无私利他◇ …………… 15

第八章　　　16
　　◇甘愿处下　成就他人◇ …………… 17

第九章　　　18
　　◇保持谦虚　接受建议◇ …………… 19

第十章　　　20
　　◇提升修养　洗涤心灵◇ …………… 21

第十一章　　22
　　◇清空自己　学会放下◇ …………… 23

第十二章　24
◇淡泊知足　低碳生活◇ …………… 25

第十三章　26
◇宠辱不惊　豁达处世◇ …………… 27

第十四章　28
◇探寻规律　修心悟道◇ …………… 29

第十五章　30
◇韬光养晦　难得糊涂◇ …………… 31

第十六章　32
◇回归清净　抓住本质◇ …………… 33

第十七章　34
◇顺其自然　不留痕迹◇ …………… 35

第十八章　36
◇忠心耿耿　大仁大义◇ …………… 37

第十九章　38
◇回归单纯　保持素朴◇ …………… 39

第二十章　40
◇学会选择　懂得取舍◇ …………… 41

第二十一章　42
◇尊德守道　提高修养◇ …………… 43

第二十二章　44
◇纵观整体　不拘小节◇ …………… 45

第二十三章　46
◇乐观面对　风雨彩虹◇ …………… 47

第二十四章　48
◇急不可得　把握节奏◇ …………… 49

第二十五章　50
◇敬畏自然　天人合一◇ …………… 51

目录

第二十六章　52
　　◇ 放下浮躁　静心净心◇　…………　53

第二十七章　54
　　◇ 道生万法　因材施教◇　…………　55

第二十八章　56
　　◇ 韬光养晦　难得糊涂◇　…………　57

第二十九章　58
　　◇ 把握好度　不走极端◇　…………　59

第三十章　60
　　◇ 互相尊重　和平共处◇　…………　61

第三十一章　62
　　◇ 珍爱和平　反对战争◇　…………　63

第三十二章　64
　　◇ 控制自我　适可而止◇　…………　65

第三十三章　66
　　◇ 知人者智　自知者明◇　…………　67

第三十四章　68
　　◇ 保持谦卑　不去炫耀◇　…………　69

第三十五章　70
　　◇ 与人为善　以和相伴◇　…………　71

第三十六章　72
　　◇ 保持柔韧　懂得内敛◇　…………　73

第三十七章　74
　　◇ 顺应自然　遵循规律◇　…………　75

第三十八章　76
　　◇ 有德不得　理当如此◇　…………　77

第三十九章　78
　　◇ 放低姿态　服务他人◇　…………　79

第四十章　80
　　◇退让而得　示弱而强◇　……………　81

第四十一章　82
　　◇守住中心　依道而行◇　……………　83

第四十二章　84
　　◇和谐统一　阴阳调和◇　……………　85

第四十三章　86
　　◇保持冷静　平心静气◇　……………　87

第四十四章　88
　　◇时常反省　减少贪念◇　……………　89

第四十五章　90
　　◇谨言慎行　空杯谦逊◇　……………　91

第四十六章　92
　　◇知足常乐　珍惜拥有◇　……………　93

第四十七章　94
　　◇见微知著　触类旁通◇　……………　95

第四十八章　96
　　◇慎做加法　常做减法◇　……………　97

第四十九章　98
　　◇悦纳一切　化敌为友◇　……………　99

第五十章　100
　　◇随遇而安　自然而然◇　……………　101

第五十一章　102
　　◇相信放手　尊重天赋◇　……………　103

第五十二章　104
　　◇抓住根本　事半功倍◇　……………　105

第五十三章　106
　　◇依道而行　通达天下◇　……………　107

目录

第五十四章　108
　　◇放大格局　目光长远◇　…………　109

第五十五章　110
　　◇返璞归真　永葆青春◇　…………　111

第五十六章　112
　　◇心胸豁达　适时沉默◇　…………　113

第五十七章　114
　　◇保持正念　出奇制胜◇　…………　115

第五十八章　116
　　◇居安思危　福祸相依◇　…………　117

第五十九章　118
　　◇俭以养德　减少浪费◇　…………　119

第六十章　120
　　◇遵循规律　适时调整◇　…………　121

第六十一章　122
　　◇互助合作　利他共赢◇　…………　123

第六十二章　124
　　◇相信什么　什么帮你◇　…………　125

第六十三章　126
　　◇脚踏实地　积少成多◇　…………　127

第六十四章　128
　　◇慎终如始　善始善终◇　…………　129

第六十五章　130
　　◇大智若愚　着眼未来◇　…………　131

第六十六章　132
　　◇广博包容　不与人争◇　…………　133

第六十七章　134
　　◇自我保全　慈俭不争◇　…………　135

第六十八章　136
◇ 控制情绪　平心静气 ◇……………… 137

第六十九章　138
◇ 以退为进　蓄势待发 ◇……………… 139

第七十章　140
◇ 擦亮双眼　看清本质 ◇……………… 141

第七十一章　142
◇ 觉察自我　不断精进 ◇……………… 143

第七十二章　144
◇ 人贵自知　做好自己 ◇……………… 145

第七十三章　146
◇ 忠厚做人　踏实做事 ◇……………… 147

第七十四章　148
◇ 各归其位　各司其职 ◇……………… 149

第七十五章　150
◇ 减少索取　增加关怀 ◇……………… 151

第七十六章　152
◇ 观察自然　汲取智慧 ◇……………… 153

第七十七章　154
◇ 余补不足　保持平衡 ◇……………… 155

第七十八章　156
◇ 柔中带刚　弱中有强 ◇……………… 157

第七十九章　158
◇ 忘记不好　铭记美好 ◇……………… 159

第八十章　160
◇ 精简所需　摒弃妄念 ◇……………… 161

第八十一章　162
◇ 心怀天下　利他舍得 ◇……………… 163

读经典

道可道①，非常道；名可名②，非常名。无，名天地之始；有，名万物之母③。故常无，欲以观其妙；常有，欲以观其徼④。此两者，同出而异名，同谓之玄。玄之又玄，众妙之门⑤。

|注释|

①道可道：第一个"道"是指宇宙的本原和实质，引申为原理、原则、真理、规律等。第二个"道"是解说、表述的意思。

②名可名：第一个"名"是指"道"的形态。第二个"名"是说明的意思。

③母：母体，根源。

④徼：读jiào，边际、边界，引申为端倪的意思。

⑤众妙之门：一切奥妙变化的总门径，即指"道"而言。

第一章

|译文|

可以用语言表述的道,就不是常道;可以用文字说明的名,就不是常名。无,是形成天地的本始;有,是创生万物的根源。所以,常从无中,去观照道的奥妙;常从有中,去观照道的端倪。无和有这两者,来源相同而名称不同,都可以称之为玄妙、深远。玄妙而又玄妙,是宇宙天地万物之奥妙的总门。

塑品格

用心觉察　当下感悟

道在一切处,在所有的时间、所有的空间中出现,我们有时看得见,有时看不见,因此,道需要我们用心去觉察和体悟。当我们用心去觉察和体悟,就会发现人人是老师,事事是案例,处处是学校,也就会愿意向每个人请教,从每件事情中反思,在每个场景中学习!有这样的意识和行动,我们才会不断地实现自我进步。

|微觉察|

你从身边的哪个人、经历的哪件事或者去过的哪个地方得到过启发呢?

读经典

天下皆知美之为美,斯恶已;皆知善之为善,斯不善已。有无相生,难易相成,长短相形①,高下相盈,音声②相和(hè),前后相随。是以圣人处(chǔ)无为③之事,行不言之教;万物作而不为始,生而不有,为而不恃(shì),功成而弗(fú)居。夫(fú)唯弗居,是以不去。

注释

①形:指比较、对照中显现出来的意思。

②音声:合奏出的乐音叫作"音",单一发出的音响叫作"声"。

③无为:不干扰;不妄为。

译文

天下人都知道美之所以为美,丑的观念也就出来了;都知道善之所以为善,不善的观念也就产生了。有和无互相转化,难和易互相促成，长和短互相显示，高和下互为呈现，音与声互相应和，前和后互相跟随。因此，圣人用"无为"的态度来对待世事，实行"不言"的教导；万物兴起而不加干涉，生养万物而不占为己有，抚育万物而不自恃己能，功成名就而不自我夸耀。正因为圣人不自我夸耀，所以圣人的功绩不会泯没。

敬畏自然　感恩谦让

春夏秋冬四季，日升月落一天，大自然有着自己的运行规律。我们要向圣人学习，懂得敬畏自然，遇事遵循规律。例如，在使用资源时，多一念"节约"，少一丝"浪费"，就是为地球的生态平衡做出了一份贡献。在为人处世上，减少个人欲望，感恩身边人为自己的付出，做事低调，不争名逐利，就有助于人与人相处的和谐、久远。

| 微觉察 |

近些年，地球母亲已经向我们发出了"求救"的信号，比如全球变暖、极端天气日益频繁等。为什么会这样呢？保护地球，人人有责。你准备为保护地球母亲做些什么事情呢？

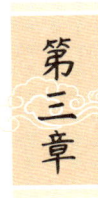

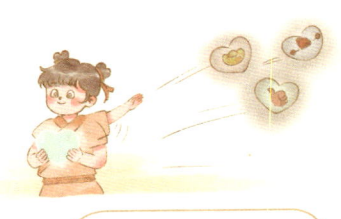

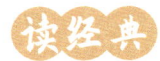

第三章

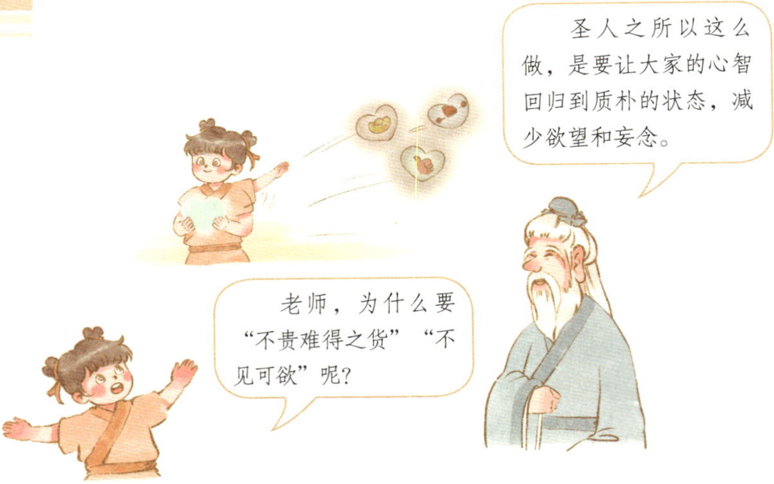

读经典

不尚贤[1]，使民不争；不贵[2]难得之货[3]，使民不为盗；不见[4]可欲，使民心不乱。是以圣人之治，虚其心[5]，实其腹，弱其志，强其骨。常使民无知无欲。使夫智者不敢为也。为无为，则无不治。

注释

①尚贤：尚，即崇尚，尊崇。贤，有德行、有才能的人。

②贵：重视，珍贵。

③货：财物。

④见：读xiàn，通“现”，出现，显露。这里是显示、炫耀的意思。

⑤虚其心：使人的心灵开阔。

| 译文 |

不尊崇贤能,使人民不起争心;不重视难得的财物,使人民不起贪心;不显耀可贪的事物,使人民不会惑乱。所以圣人治理政事,要使人心灵开阔,生活安饱,意志柔韧,体魄强健。经常使人民没有伪诈的心智,没有争名夺利的欲望。使一些自作聪明的人不敢妄为。圣人遵循"无为"的原则,天下就不会不太平了。

清心寡欲　成长内在

广厦万千,夜眠仅需三尺;家财万贯,一日仅需三餐。大家发现了吗?从生存层面来讲,我们真正需要的东西并不多。当下的我们,在满足生存需求的基础上,如果能够减少物质的欲望,多把时间和精力用在个人内在心力、心量、心性的成长上,我们将会有不一样的人生经历,也会收获不一样的人生成果。而那些耍小聪明、占小便宜、贪恋钱财的人,心中只想着自己而没有全局性思维,则往往会捡了芝麻丢了西瓜。

| 微觉察 |

欲望淡薄、大爱质朴、无私付出的人,自古及今都受人敬重。请你举出具备这样品性的几个人物,并讲一讲其中一个人的相关事例。

读经典

道冲①而用之或不盈②。渊兮，似万物之宗③；湛④兮，似或存。吾不知谁之子，象帝之先。

| 注释 |

①冲：通"盅"，器物空虚，比喻虚空。
②盈：满，引申为"尽"。
③宗：祖宗，宗主。
④湛：沉，深，形容"道"的隐而未现。

| 译文 |

大道是虚空的，然而作用永远不会竭尽。深邃啊，好像是世间万物的祖宗；隐秘啊，又好像实有而存在。我不知道它从哪里产生，好像是天帝的祖先。

保持敬畏　依道而行

道早就存于宇宙天地之间，古今圣贤也在一直寻找天地、宇宙、自然中的规律！我们人类在宇宙之中是极其渺小的，理当对天地自然心怀敬畏。许多无形却无处不在的东西，深深地影响着我们。伴随着科学技术的发展，已经有越来越多的谜团逐渐被解开，可这些也只是天地奥妙中的沧海一粟。我们仍须带着敬畏之心，向外探索文明，向内觉察内心，一切依道而行。

| 微觉察 |

老子说道存在于万物中，请你认真观察身边的事物，举例说一说自己从中感受到了什么。

读经典

天地不仁，以万物为刍狗①，圣人不仁，以百姓为刍狗。天地之间，其犹橐籥②乎！虚而不屈，动而愈出。多言数穷③，不如守中④。

注释

①刍狗：用草扎成的狗。古代专用于祭祀之中，祭祀完毕，就把它扔掉或烧掉。比喻轻贱无用的东西。

②橐籥：读tuó yuè，古代的风箱。

③多言数穷：政令烦苛，加速败亡。

④守中：中，指内心的虚静。守中，守住虚静。

|译文|

天地无所偏爱，任凭万物自然生长；圣人无所偏爱，任凭百姓自作自息。天地之间，难道不像个风箱吗？空虚但不会穷竭，发动起来生生不息。政令烦苛反而加速败亡，不如守住内心的虚静。

顺其自然　平等待人

天地自然是我们最好的老师。阳光不会因为偏爱谁多而照耀谁；雨水不会因为厌恶谁而多淋谁。阳光和雨水没有分别心。

做人也要向阳光和雨水学习，遇事顺其自然，用一颗平等心对待所有人。

|微觉察|

要保持城市一天的正常运转，需要哪些岗位的人为之辛勤付出呢？请列举一下。我们应该怎样对待他们呢？

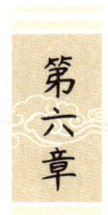

读经典

谷神不死①,是谓玄牝②。玄牝之门③,是谓天地根。绵绵若存,用之不勤。

| 注释 |

①谷神不死:"谷"形容虚空,"神"形容变化无穷,"不死"比喻变化不会穷竭。

②玄牝:牝,读pìn,母性。玄牝,这里指孕育和生养出天地万物的母体。

③门:指产门。这里用雌性生殖器的产门的具体义来比喻造化天地生育万物的根源。

| 译文 |

　　虚空的变化是永不停歇的，这就是微妙的母性。微妙的母性之门，是天地的根源，它连绵不断地存在于天地间，作用无穷无尽。

感恩源头　能量不绝

　　我们的母亲孕育了我们的生命，是我们生命的缘起；黄河孕育了我们伟大的中华文明，是中华民族的缘起。我们今天所拥有的和我们的父母、我们的国家有着密不可分的联系。当对源头心怀感恩、不过度强调个人力量的时候，源头才会和我们连接，源源不断地给予我们能量。

| 微觉察 |

　　你知道你妈妈的生日是哪一天吗？她最喜欢的颜色和最爱吃的一道菜分别是什么呢？你准备做点什么具体的事情让妈妈开心呢？

读经典

天长地久。天地所以能长且久者，以其不自生①，故能长生②。是以圣人后其身而身先③；外其身而身存。非以其无私邪（yé）？故能成其私④。

|注释|

①以其不自生：指天地的运作不为自己。
②长生：长久。
③后其身而身先：把自己放在后面，反而得到大家的爱戴。
④成其私：成就自己。

第七章　　　　　　　　　　　　　　　　　　　　15

| 译文 |

　　天长地久。天地之所以能够长久，是因为它的一切运作都不为自己，所以能够长久。所以，圣人把自己放在后面，反而得到大家的爱戴；把自己置之度外，反而能够保全性命。不正是由于他不自私吗？反而成就了自己。

谦让不争　　无私利他

　　一个人心中无私，他会像天地滋养万物而不求回报一样，乐意帮助他人、成就他人。这样的人，虽然他不主动索求回报，但他心中装着多少人，最终就会为多少人所成就。而那些为一己私利汲汲营营的人，最终会失去人心。正因如此，才有人说，最大的自私是无私。所以，我们也要常怀一颗"利他"之心，多多帮助他人，因为帮助别人，从长远来看，其实是在帮助自己。

| 微觉察 |

　　你最好的朋友叫什么名字？他曾经给你带来过哪些关心和帮助呢？你今后会怎样对待朋友和他人呢？

读经典

上善若水①。水善利万物而不争，处众人之所恶，故几②于道。居善地，心善渊③，与善仁，言善信，政善治，事善能，动善时。夫唯不争，故无尤。

| 注释 |

①上善若水：上，最。上善，最善。这里老子以水的形象来说明"圣人"是道的体现者，因为圣人的言行与水相似，而水德是近于道的。

②几：读jī，接近。

③渊：沉静、深沉。

| 译文 |

最善的人像水一样。水善于滋润万物而不和万物相争，停留在大家所厌恶的地方，所以接近于道。住处善于选择地方，心胸善于保持沉静，待人善于保持真诚，说话善于遵守信用，为政能把国家治理好，处事善于发挥所长，行动善于把握时机。只因为有不争的美德，所以没有怨咎。

甘愿处下　成就他人

做人要如水一样，不是时时刻刻表现自己，大肆宣扬自己，而是以自己所具有的美好内在去感化众人。别人不愿意去的地方我们去，别人不愿意做的事情我们做，去帮助别人而不争名夺利，这种行为背后是利他、无私、使命、责任和担当。如此才更接近于老子的"道"。

| 微觉察 |

你知道张桂梅校长的事迹吗？请联系生活实际谈谈你从她的事迹中获得了怎样的启发。

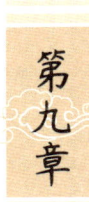

读经典

持而盈之①，不如其已②；揣而锐之③，不可长保。金玉满堂，莫之能守；富贵而骄，自遗其咎。功遂身退④，天之道也。

注释

①持而盈之：持，手执、手捧。此句意为持执盈满，自满自骄。

②不如其已：不如适可而止。已，止。

③揣而锐之：把铁器磨得又尖又利。揣，读zhuī，捶击。

④功遂身退：功成名就之后，不再身居其位，而应适时退下。"身退"并不是退隐山林，而是不居功贪位。

第九章   19

|译文|

　　持执盈满，不如适可而止；显露锋芒，锐势难保长久。金玉满堂，无法守藏；富贵而骄，自种祸根。功业成就，适时退位，才是自然的道理。

塑品格

保持谦虚　接受建议

　　满招损，谦受益。一个人若把自己的心装得太满，不能听进他人的任何意见和建议，会在盲目自大中付出沉重代价。若能保持"空杯"心态，不自满于自己的成绩，永远给心留出一些空间，常常提醒自己应改进不足之处，以谦虚的态度，积极寻求他人的意见和建议，定能让更多的美好进入心间，也会变得更有底蕴、有涵养、有自信。

|微觉察|

　　一个人的成长要多向内看。你觉得自己在哪些方面还有提升的空间呢？请列出三条，提醒自己每日去改善，每天进步一点点。

读经典

载①营魄②抱一③，能无离乎？专气④致柔，能如婴儿乎？涤除玄览⑤，能无疵(cī)乎？爱民治国，能无为⑥乎？天门开阖(hé)⑦，能为雌⑧乎？明白四达，能无知(zhì)乎？生之畜之，生而不有，为而不恃(shì)，长而不宰，是谓玄德。

注释

①载：助语词。

②营魄：魂魄。

③抱一：合一。指魂和魄合而为一，亦即合于道。

④专气:专,结聚之意。专气即集气。
⑤玄览:玄,奥妙深邃。玄览,指人心灵深处明澈如镜、深邃灵妙。
⑥无为:即无为而治。
⑦天门开阖:天门喻感官,开阖即动静。
⑧为雌:守静。

| 译文 |

精神和形体合一,能不分离吗?聚结精气以至柔和温顺,能达到像初生婴儿那种无欲的状态吗?洗净思想上的尘垢,能让心灵明澈如镜吗?爱民治国,能自然无为吗?感官与外界接触,能守静吗?通晓四方,能不用心机吗?生长万物,养育万物,生长而不占有,蓄养而不依恃,导引而不主宰,这就是最深的"德"。

提升修养　洗涤心灵

如何不断提升自我修养?其一,精神和形体应合而为一,这要求我们理解万物,做到认识和行动相统一。其二,要有婴儿之心。随着年龄和见识的不断增长,我们对世间有形之物的需求也在不断增加,然而这些身外之物真的是自己需要的吗?老子就提出我们应回归到没有被世间繁杂污染的状态,即"如婴儿"般无欲求的状态之中。其三,涤除玄览,这意味着我们要不断审视自我:面对外界诱惑,是否做到了坚守本心?是否做到了没有瑕疵?如此方可将尘埃洗尽,使心灵达到无瑕疵的状态。

| 微觉察 |

请尝试一下闹市读书,说说你的感受。

读经典

三十辐①共一毂②，当其无，有车之用。埏埴③以为器，当其无，有器之用。凿户牖(yǒu)以为室，当其无，有室之用。故有之以为利，无之以为用。

注释

①辐：车轮中连接轴心和轮圈的木条。

②毂：读gǔ，车轮中心的木质圆圈，中有圆孔，即插轴的地方。

③埏埴：埏，读shān，和（huò）；埴，读zhí，土。即用土和泥做成供人饮食使用的器皿。

第十一章

| 译文 |

　　三十根辐条汇集到一个毂当中，有了毂中空的地方，才有车的作用。揉合泥土做成器皿，有了器皿中空的地方，才有器皿的作用。开凿门窗建造房屋，有了门窗四壁内中空的地方，才有房屋的作用。所以，"有"给人便利，"无"发挥了它的作用。

> 那什么是"无"和"有"呢？

> 有了器皿中凹陷的空，器皿才可以装物品；有了房间里空间的空，才可以住人或储物。空就是无，无与有相互作用。

塑品格

清空自己　学会放下

　　我们在生活中不要总追求"拥有"，而要多学会"放空"——放空自己的情绪，放空自己的头脑，放空自己的衣柜，放空自己的欲望。若我们让太多的情绪、念头、物质占满自身的空间，看似拥有很多，其实失去了更重要的自在与自由。

| 微觉察 |

　　有人说："好不容易积累的经验，清空了不是从零开始吗？这样是不是太辛苦了？"对此，你怎么看？

第十二章

读经典

五色①令人目盲；五音②令人耳聋；五味③令人口爽；驰骋畋(tián)猎，令人心发狂；难得之货，令人行妨。是以圣人为腹不为目④，故去彼取此。

| 注释 |

①五色：指青、黄、赤、白、黑。这里指色彩多样。
②五音：指宫、商、角、徵、羽。这里指多种多样的音乐声。
③五味：指酸、苦、甘、辛、咸。这里指多种多样的美味。
④为腹不为目：只求温饱安宁，而不为纵情声色之娱。"腹"在这里代表一种简朴宁静的生活方式，"目"代表一种巧伪多欲的生活方式。

|译文|

缤纷的色彩使人眼花缭乱;嘈杂的音调使人听觉失灵;丰盛的食物使人舌不知味。纵情狩猎,使人心情放荡;稀有物品,使人行为不轨。因此,圣人只求安饱而不追逐声色之娱,所以摒弃物欲的诱惑而保持安定知足的生活方式。

> 对于外物和外境的追逐,会让我们迷失在色、声、味的欲望中,而忘记了回归内心、回归生命的根本。

> 老师,为什么要"为腹不为目"呢?

塑品格

淡泊知足　低碳生活

肚子能吃饱就好,过度沉迷饮食会给身体带来负担甚至灾难;生活用品够用即可,铺张浪费会给环境带来负担甚至灾难。让我们像圣人一样淡泊知足,践行勤俭节约的低碳生活,为自身的健康、为地球环境的改善贡献一份力量吧。

|微觉察|

有些人非名牌不买,非名店不进,非名车不开……你认同这样的行为吗?请说说你的想法。

第十三章

老师，为什么"吾所以有大患者，为吾有身"？

人的忧患和烦恼大部分都来源于"我"的执着，我喜欢与不喜欢，我愿意与不愿意，这些都会让我们患得患失。

读经典

宠辱若惊，贵大患若身。何谓宠辱若惊？宠为下，得之若惊，失之若惊，是谓宠辱若惊。何谓贵大患若身？吾所以有大患者，为吾有身，及吾无身，吾有何患？故贵以身为天下，若可寄天下；爱以身为天下，若可托天下。

译文

得宠和受辱都感到惊慌失措，重视身体像重视大患一样。什么叫作得宠和受辱都感到惊慌失措？得宠是卑下的，得到宠爱会感到心惊不安，失去宠爱也觉得惊恐慌张，这就叫作得宠和受辱

第十三章

都感到惊慌失措。什么叫作重视身体像重视大患一样？我之所以有大患，是因为我有身体，如果我没有身体，我还会有什么大患呢？所以能够用重视身体的态度去为天下，才可以把天下寄托给他；能够用爱惜身体的态度去为天下，才可以把天下委托给他。

如果我们能把喜不喜欢、愿不愿意的想法放下，就不会对任何事情感到忧虑了。

塑品格

宠辱不惊　豁达处世

我们没有必要视荣宠为宝贝，那么渴求他人的表扬，也没有必要视耻辱为洪水猛兽，那么在意他人的批评。面对表扬和批评，我们都要有一颗平常心。遇事宠辱不惊，得之淡然，失之坦然，这样的平常心能让我们的"我"变得越来越大，最终甚至可达到"无我"的至高境界。

| 微觉察 |

荣和辱是可以相互转化的。请你了解一下南非前总统曼德拉的人生经历，说一说他是怎样对待二十多年的牢狱生活的以及他的态度给你带来了怎样的启发。

第十四章

老师，道是什么样子的呢？

道和现实的万事万物不同，它不是一个有具体形象的东西，它超越了我们五官的感知。

读经典

视之不见，名曰"夷①"；听之不闻，名曰"希②"；搏之不得，名曰"微③"。此三者不可致诘(jié)，故混而为一。其上不皦(jiǎo)，其下不昧(mèi)，绳绳④兮不可名，复归于无物。是谓无状之状，无物之象，是谓惚(hū)恍(huǎng)。迎之不见其首；随之不见其后。执古之道，以御今之有。能知古始⑤，是谓道纪⑥。

注释

①夷：无色。
②希：无声。
③微：无形。以上夷、希、微三个名词都是用来形容人的感官无法把握的"道"。
④绳绳：纷纭不绝。
⑤古始：宇宙的原始，或"道"的初始。
⑥道纪："道"的纲纪，即"道"的规律。

|译文|

看它看不见，名叫"夷"；听它听不到，名叫"希"；摸它摸不到，名叫"微"。这三者的形状无从追究，它们是混沌一体的。它上面不显得光亮，它下面也不显得阴暗，它绵绵不绝而不可名状，一切运动都会回到不见物体的状态。这就是没有形状的形状，不见物体的形象，叫它作"惚恍"。迎着它，看不见它的前头；随着它，也看不见它的后头。把握着早已存在的"道"，来驾驭现在的具体事物。能够了解"道"的初始，叫作"道"的规律。

> 道如此玄妙，我们为什么要掌握道呢？

> 道虽然无法名状，但并非空无所有。它是万物的来处，也是万物最终的归处。我们掌握了道，就能够运用规律来做事。

塑品格

探寻规律　修心悟道

无形驭有形，无形的心力决定有形的能力。心蕴含着道的能量。比如，一个得道的木匠，任何特性的木材到了他手里，无论坚固、柔软还是刚脆，他都可以物尽其用，这便是已经探究到了本质和规律。所以，可以在从容不惊之中化解很多的问题，这其中便有道了。

|微觉察|

相信智慧的你一定有举一反三的能力，你觉得学习有哪些规律？请总结出来分享给大家，让更多的人受益吧！

第十五章

得道的人对于自身的要求永远不会停止,他们能够不断认识自我、突破自我、提升自我。

读经典

古之善为道者,微妙玄通,深不可识。夫唯不可识,故强(qiǎng)为之容:豫兮①若冬涉川;犹兮②若畏四邻;俨(yǎn)兮其若客;涣(huàn)兮其若释;敦兮其若朴;旷兮其若谷;混兮其若浊。孰能浊以静之徐清?孰能安以动之徐生?保此道者,不欲盈。夫唯不盈,故能蔽而新成。

| 注释 |

①豫兮:豫,大象。豫兮,引申为迟疑慎重的意思。

②犹兮:犹,猿猴一类,极其谨慎。犹兮,此处用来形容警觉、戒备的样子。

|译文|

古时候善于行道的人，微妙通达，深刻玄远。正因为难以认识，所以勉强地形容他：小心谨慎，像冬天涉足江河；警觉戒备，像提防四周的围攻；拘谨严肃，像做宾客；温和可亲，像冰块消融；淳厚朴质，像未经雕琢的素材；旷远豁达，像深幽的山谷；浑厚宽容，像浊水一样。谁能在动荡中安静下来而慢慢地澄清？谁能在安定中变动起来而慢慢地趋进？保持这些道理的人，不肯自满。只因他不自满，所以能去故更新。

> 他们态度恭敬谨慎，行为洒脱自在，心胸宽厚豁达。

> 老师，得道的人是什么样子的呢？

塑品格

韬光养晦　难得糊涂

得道的人究竟是怎样的呢？是不是很强大？是不是很喜欢炫耀？是不是很聪明？是不是很引人注目？是不是做事情很张扬？都不是！得道的人，做事情很谨慎，对人很恭敬，平常看起来很随和，遇到纷争不逞强，遇到精打细算常常显得糊里糊涂！

|微觉察|

遇到小争吵时，我们该如何解决呢？

第十六章

> 天地万物纷纭多样，都有各自的发展规律，能够认识这些规律就叫作明。

> 老师，什么叫作"知常曰明"？

读经典

致虚极，守静笃（dǔ）。万物并作，吾以观复。夫物芸芸①，各复归其根。归根②曰静，静曰复命③。复命曰常④，知常曰明。不知常，妄作凶。知常容，容乃公，公乃全，全乃天，天乃道，道乃久，没（mò）身不殆（dài）。

| 注释 |

①芸芸：茂盛、纷杂、繁多。
②归根：根指道，归根即复归于道。
③复命：复归本性，重新孕育新的生命。
④常：指万物运动变化的永恒规律，即守常不变的规则。

| 译文 |

使达到空虚无欲极点，使生活清静坚守不变。万物蓬勃生长，我看出往复循环的道理。万物纷纷纭纭，各自返回到它的本

第十六章

根。返回本根叫作静，静叫作复归本性。复归本性是永恒的规律，认识永恒的规律叫作明。不认识永恒的规律，轻举妄动就会出乱子。认识永恒的规律的人能包容一切，能包容一切就能坦然公正，能坦然公正就能周全，能周全才能符合自然的道，能符合自然的道才能长久，才能终身不会遭到危险。

老师，什么叫作"归根曰静，静曰复命"呢？

归根就是万物要回归到存在的根源，根源之处便是虚静的状态。万物从虚静而生，最终还会回到虚静的本性，就是"复命"。

塑品格

回归清净　抓住本质

我们生活在纷纷扰扰的现象之中，经常在现象中迷失自己，如同在迷宫中跑来跑去，看似忙碌却没有解决问题。归根便是回归自己本心的清净，拥有清净之心方能抓住本质，在本质中解决问题方能轻松且高效。让自己的心安静下来，抓住人生的重点，才能有持久的幸福。

| 微觉察 |

你觉得生活中哪些东西是我们需要放下的？

第十七章

读经典

太上①，下②知有之；其次，亲而誉之；其次，畏之；其次，侮之。信不足焉，有不信焉。悠兮③其贵言④。功成事遂，百姓皆谓："我自然⑤。"

| 注释 |

①太上：至上、最好，这里指最好的世代。

②下：人民，百姓。

③悠兮：悠闲自在的样子。

④贵言：形容不轻易发号施令。

⑤自然：自己本来就如此。

| 译文 |

最好的世代，人民只是感觉到统治者的存在；其次的，人民亲近他而赞美他；再其次的，人民畏惧他；更其次的，人民轻侮他。统治者的诚信不足，人民自然不相信他。最好的统治者悠然而不轻易发号施令。事情办成功了，百姓都说："我们本来是这样的。"

塑品格

顺其自然　不留痕迹

悄无声息地帮助他人，不让人有所察觉，这才是至善至美的"太上"的德行。在团体中，我们若想成为"太上"的管理者，取信于大家，就需要顺其自然，在不知不觉中使大家按照他们各自的运行轨迹完成生命的过程，这就是"道"。

| 微觉察 |

"日出而作，日入而息。凿井而饮，耕田而食。帝力于我何有哉？"这是上古时期百姓赞颂尧帝"无为而治"的《击壤歌》。建议你背下来，领悟尧帝管理的智慧。

第十八章

> 大道兴盛的时候，仁义自然就在其中，提倡仁义，是因为大道在社会行不通了。

> 老师，为什么"大道废，有仁义"？

读经典

大道^①废，有仁义；智慧出，有大伪；六亲^②不和，有孝慈；国家昏乱，有忠臣。

注释

①大道：指社会政治制度和秩序。
②六亲：父、子、兄、弟、夫、妇。

译文

大道被废弃了，才有提倡仁义的需要；聪明智巧的现象出现了，伪诈才盛行一时；家庭出现了纠纷，才能显示出孝与慈；国家陷于混乱，才能见出忠臣。

只有在缺水的时候，才意识到水对于生命的意义。我们需要什么就说明缺少什么。

塑品格

忠心耿耿　大仁大义

鱼在水中，不觉得水重要；人在空气中，不觉得空气重要。忠臣义士往往在混乱中才能有所作为，进而被大家知晓和敬仰。历史上的忠臣，如岳飞、文天祥、史可法等，对国家民族忠心耿耿，留下世人传颂的事迹。然而，这些可歌可泣的事迹，都发生在内忧外患、社会动荡的时代。当老百姓觉得有饭吃、有衣穿是很平常的事情的时候，这便是极好的时代。

| 微觉察 |

有人说，若风调雨顺，国家太平，百姓自重自爱，岂不个个是忠臣、人人是好人了吗？你认同这种说法吗？请说明理由。

第十九章

> 老师，什么叫作"见素抱朴"？

> "素"是没有经过染色的丝，"朴"是没有任何的修饰，"见素抱朴"就是说事物要保持原有的自然本色。

读经典

绝智弃辩，民利百倍；绝伪弃诈，民复孝慈；绝巧弃利，盗贼无有。此三者以为文①，不足。故令有所属②：见素抱朴，少私寡欲。

注释

①文：条文、法则。
②属：归属、适从。

译文

抛弃巧辩，人民可以得到百倍的好处；弃绝伪诈，人民可以恢复孝慈的天性；抛弃巧诈和货利，盗贼就会自然消失。这三者全是巧饰的，不足以治理天下。所以要使人有所归属：保持朴质，减少私欲。

我们的心要保持澄净的本色，不能被欲望牵着鼻子走。

塑品格

回归单纯　保持素朴

大自然的空气原本是新鲜的，水源原本是纯净的，我们的心灵原本是素朴的。是欲望和贪念让空气、水源受到污染，让心灵蒙尘。所以，只有我们静心、敬心、净心，万物方能返璞归真。

| 微觉察 |

科技是人类智慧的凝聚。有人说科技加速了人类文明的发展，有人说科技加剧了对大自然的破坏。你怎么看？为什么？

第二十章

> 一般人喜欢热闹熙攘、精明灵巧，得道的人淡泊宁静、飘逸洒脱，甚至显得有些笨拙。一般的人为了物质享受而奔忙，而得道的人追求的是精神境界的提升。

> 老师，得道的人和一般人有什么区别呢？

读经典

绝学无忧。唯之与阿①，相去几何？美之与恶，相去若何？人之所畏，不可不畏。荒兮，其未央哉！众人熙熙②，如享太牢③，如春登台。我独泊兮，其未兆，如婴儿之未孩；儽（lěi）儽兮，若无所归。众人皆有余，而我独若遗④。我愚人之心也哉！沌（dùn）沌兮！俗人昭昭，我独昏昏。俗人察察，我独闷闷。澹（dàn）兮其若海，飂（liáo）兮若无止。众人皆有以，而我独顽似鄙。我独异于人，而贵食母⑤。

注释

①唯之与阿：唯，恭敬地答应，这是晚辈回答长辈的声音；阿，怠慢地答应，这是长辈回答晚辈的声音。唯的声音低，阿的声音高，这是区别尊贵与卑贱的用语。

②熙熙：熙，和乐。形容纵情奔欲、兴高采烈的情状。

③享太牢：太牢是指古代人把准备宴席用的牛、羊、猪事先放在牢里养着。享太牢，即参加丰盛的宴席。

④遗：读kuì，通"匮"，不足的意思。

⑤贵食母：母用以比喻"道"，道是生育天地万物之母。贵食母，即以守道为贵。

| 译文 |

弃绝仁义圣智之学才能免于忧患。应诺和呵声，相差好多？美好和丑恶，相差好多？众人所畏惧的，不能不畏惧。精神领域开阔啊，好像没有尽头的样子！众人都兴高采烈，好像参加丰盛的宴席，又像春天登台眺望景色。我却独自淡泊宁静啊，没有行迹，好像不知嬉笑的婴儿；落落不群啊，好像无家可归。众人都有多余，唯独我好像不足的样子。我真是"愚人"的心肠啊！混混沌沌啊！世人都光耀自炫，唯独我暗暗昧昧的样子；世人都精明灵巧，唯独我无所识别的样子。沉静的样子，好像湛深的大海；飘逸的样子，好像没有止境。众人都有所施展，唯独我愚顽而拙讷。我和世人不同，以守道为贵。

塑品格

学会选择　懂得取舍

人生该如何选择呢？有的人重视外在欲望的无限满足，永远在追求更大的房子、更多的金钱……有的人重视内在品格的持续修炼，如颜回，"一箪食，一瓢饮，在陋巷，人不堪其忧，回也不改其乐"。不一样的思维方式，不一样的生活方式，不一样的选择方式，不一样的人生结果。

| 微觉察 |

你有变胖的时候吗？是怎么变胖的呢？怎样减肥才能让人身心轻盈呢？

第二十一章

老师，什么叫作"孔德之容，惟道是从"？

道是无形的，它必须通过媒介才能显现出来，所显现出来的就称为"德"，比如把空气装进气球，就能看到鼓鼓囊囊的了。

读经典

孔①德②之容③，惟道是从。道之为物，惟恍惟惚。惚兮恍兮，其中有象；恍兮惚兮，其中有物。窈兮冥兮④，其中有精⑤；其精甚真，其中有信⑥。自今及古，其名不去，以阅众甫（fǔ）。吾何以知众甫之状哉？以此。

| 注释 |

①孔：甚，大。

②德：指"道"的显现和作用。

③容：运作、形态。

④窈兮冥兮：窈，读yǎo，深远，微不可见。冥，暗昧，深不可测。

⑤精：最微小的原质，极细微的物质性的实体。微小中的最微小。

⑥信：信实、信验，真实可信。

|译文|

大德的形态,是随着"道"转移的。道这个东西,是恍恍惚惚的。那样的惚惚恍恍,其中却有迹象;那样的恍恍惚惚,其中却有实物。那样的深远暗昧,其中却有精质;这精质是最真实的,这精质是可以信验的。从当今上溯到古代,它的名字永远不能消去,依据它才能认识万物的本始。我怎么知道万物本始的情形呢?从"道"知道的。

如果我们能做到诚实守信、勤奋好学,这就是把道演绎出来了。

塑品格

尊德守道 提高修养

德是道的显现,道是德的根本,所以"德"行天下,"道"达远方,"德道"方能"得到"。德对于人类而言,就是品格,品格无形却无处不在,一个人的品格修养会通过语言、语气、表情、动作、眼神等表现出来,品格修养也是一个人悟道的显化,在生活中展现,比如对父母孝顺、对朋友亲和、对他人诚信。良好品格可以让一个人一生受益,所以才说,品格教育是学科教育的基础,品格教育是幸福人生的基石。

|微觉察|

你觉得德行好的人有什么特点呢?请列出五条。你自己具备其中的哪些特点呢?

第二十二章

> 任何事物都有两面性,它们互相依存,互相转化,比如弯曲的墨线可以画出直线,低洼的地方才会有水蓄积,过于陈旧就会被更新。

> 老师,圣人是怎么看待世界的呢?

读经典

曲则全,枉①则直,洼则盈,敝②则新,少则得,多则惑。是以圣人执一③为天下式④。不自见,故明;不自是,故彰;不自伐,故有功;不自矜(jīn),故能长。夫唯不争,故天下莫能与之争。古之所谓"曲则全"者,岂虚言哉?诚全而归之。

注释

①枉:弯曲。
②敝:破旧。
③一:道。
④式:法式,范式。

译文

委屈反能保全，弯曲反能伸展，低洼反能充盈，破旧反能生新，少取反能多得，贪多反而迷惑。所以有道的人坚守这一原则作为天下事理的范式。不自我表扬，反而显明；不自以为是，反而彰显；不自己夸耀，反能见功；不骄傲自满，反能长久。正因为不跟人争，所以天下没有人和他争。古人所说的"委屈反能保全"等话，怎么会是空话呢？它实实在在能够达到。

> 遇事要有辩证思维，比如困难也许是转机，骄傲招致失败，谦虚使人进步。

塑品格

纵观整体　不拘小节

遇事要有整体观，明白正面和负面同时存在且能相互转化，看似是好事有可能是坏事，因为福祸相依，看似是坏事可能是好事，因为否极泰来。用整体来看待事情甚至整个人生，才不会"一叶障目，不见泰山"。当一个人拥有整体观，就不会那么计较，不会患得患失，不会过度强调个人，人生因此也会更加圆满。

微觉察

你知道"塞翁失马"和"六尺巷"的故事吗？请选择其中的一个故事，用自己的话讲给同学听，并分享你从中得到了什么启发。

第二十三章

读经典

希言①自然。故飘风②不终朝(zhāo)，骤雨③不终日。孰为此者？天地。天地尚不能久，而况于人乎？故从事于道者④，同于道；德者，同于德；失⑤者，同于失。同于德者，德亦乐得之；同于失者，失亦乐得之。信不足焉，有不信焉。

注释

①希言：少说话。这里指统治者少施加政令、不扰民。
②飘风：大风、强风。
③骤雨：大雨、暴雨。
④从事于道者：按道办事的人。这里指统治者按道施政。
⑤失：指失道或失德。

译文

少发政令是合于自然的。所以狂风刮不到一个早晨，暴雨下不了一整天。谁使它们这样的？是天地。天地的狂暴都不能持久，何况人呢？所以从事于道的人，就合于道；从事于德的人，就合于德；从事于失道、失德的人，就会丧失所有。行为合于德的，德会得到他；行为失德的，失道、失德也乐意得到他。统治者的诚信不足，人民自然不相信他。

我们人生中遇到的困难和挫折也都是一时的，只要我们坚持再坚持，定会等来雨过天晴。

塑品格

乐观面对　风雨彩虹

既然自然都会不断变化，再大的风雨都会过去，那么人生中再大的困境也能度过。有些人觉得自己的人生陷入了绝境没有希望，这时真正陷入绝境的其实是我们的内心。境随心转，当我们悲观的时候，坏事就来了；当我们乐观的时候，好事会到来。所以，面对苦难，请多一份乐观，相信风雨过后就会见彩虹。

微觉察

你知道尼克·胡哲吗？先了解一下他的生平事迹，再说一说你从他身上学到了什么。

第二十四章

> 做事不能急躁，要有长远的规划，不能只顾眼前。

> 老师，"企者不立"是告诉我们什么道理？

读经典

企①者不立；跨②者不行；自见者不明；自是者不彰；自伐者无功；自矜者不长。其在道也，曰：余食赘形③，物或恶之④。故有道者不处。

注释

①企：踮起脚跟，脚尖着地。

②跨：跃、越过，阔步而行。

③赘形：多余的形体，因饱食而使身上长出多余的肉。赘，读zhuì。

④物或恶之：物，指人。意为人所厌恶、憎恶的东西。

译文

踮起脚跟，是站不稳的；跨步前进，是走不远的；自我表扬的，反而不能显明；自以为是的，反而不能彰显；自我夸耀的，反而不能见功；骄傲自满的，反而不能长久。从道的观点来看：这些急躁炫耀的行为，可说都是剩饭赘瘤，这些事物惹人厌恶。所以有道的人不这样做。

塑品格

急不可得　把握节奏

人人都想把事情做好、做快，可着急难有好的结果，因为破坏了节奏。父母着急孩子成绩，着急快速赚钱，可做事必须遵循事物的发展规律，一步一个台阶，才能走得稳，后劲足。如果一个人遇事只考虑眼前的得失，看似是在忙忙碌碌，其实离想要的结果会越来越远。生活中，我们不能一味图快，如果出了废品，做了夹生饭，再从头来过，便会更费时费力、费工费料。

| 微觉察 |

请你播下一粒花种，耐心地观察其破土、成苗、开花的过程，感受自然而然的节奏和美好，并说说你的收获。

第二十五章

读经典

有物①混成②，先天地生。寂兮寥兮③，独立不改④，周行⑤而不殆⑥，可以为天下母。吾不知其名，强(qiǎng)字之曰"道"，强为之名曰"大"。大曰逝，逝曰远，远曰反。故道大，天大，地大，人亦大。域中有四大，而人居其一焉。人法地，地法天，天法道，道法自然。

|注释|

①物：指"道"。
②混成：混然而成，指浑朴的状态。

③寂兮寥兮：没有声音，没有形体。
④独立不改：形容"道"的独立性和永恒性，它不靠任何外力而具有绝对性。
⑤周行：循环运行。
⑥不殆：不息。

| 译文 |

有一个东西浑然一体，在天地形成以前就存在。没有声音，没有形体，它独立常存而永不休止，循环运行而生生不息，可以为天地万物的根源。我不知道它的名字，勉强叫它"道"，再勉强给它起个名字叫"大"。它广大无边而周流不息，周流不息而伸展遥远，伸展遥远而返回本原。所以说道大，天大，地大，人也大。宇宙间有四大，而人是四大之一。人取法于地，地取法于天，天取法于道，道取法于自然。

塑品格

敬畏自然　天人合一

自然中有循环，方能生生不息；自然中有空间，方能容纳万物。我们需要向自然学习，学习自然的广大无边，拥有一份格局，学习自然的孕育万物而无所求，学习自然的春天播种秋天收获，凡事掌握规律不着急，道从自然中来，遵循自然、遵循道，方能天人合一！

| 微觉察 |

光看得见而抓不住，水摸得着而毁不掉，那么光和水的作用是什么呢？请你联系生活实际谈一谈你通过光或水学到了什么。

第二十六章

读经典

重为轻根,静为躁君。是以君子终日行不离辎重①。虽有荣观②,燕处③超然。奈何万乘④之主,而以身轻天下?轻则失根,躁则失君。

注释

①辎重:行军时由运输部队携带的军械、粮草、被服等物资。辎,读zī。

②荣观:指华丽的生活。荣,豪华、高大。观,台观、楼观。

③燕处:安居之地;安然处之。

④万乘:乘,读shèng,指车子的数量。万乘,指拥有兵车万辆的大国。

译文

厚重是轻浮的根本,沉静是躁动的主宰。因此君子整天行走不离开粮草物资。虽然有华丽的生活,却安居泰然。为什么身为拥有兵车万辆的大国的君主,还轻率躁动以治天下呢?轻率就失去了根本,躁动就失去了主宰。

我们要向君子学习,不管身处怎样的境况,都要以冷静沉稳的方式来应对,比如考试的时候要冷静审查题目,认真作答,才能有好结果。

塑品格

放下浮躁　静心净心

如果想拥有智慧,就要让自己安静下来,因为人定而生慧;如果想拥有财富,就要让自己厚重下来,因为厚德载物;如果想让自己好运,就要让自己的心清净下来,因为无所求会有大得!可我们在向外求知识、求名利、求财富之时,心变得越来越浮躁,得失心越来越重,这样智慧、财富、好运等反而离我们越来越远。因此,我们应放下浮躁,静心净心。

微觉察

我是一切问题的根源。遇事"先处理心情,再处理事情"有什么好处呢?请你举例说明。

第二十七章

> 老师，圣人为什么"无弃人"，也"无弃物"呢？

> 因为圣人善于观察和了解人和物的特性，所以可以做到人尽其才，物尽其用。

读经典

善行无辙迹①；善言无瑕谪②；善数（shǔ）不用筹策；善闭无关楗③而不可开；善结无绳约④而不可解。是以圣人常善救人，故无弃人；常善救物，故无弃物。是谓袭明。故善人者，不善人之师；不善人者，善人之资。不贵其师，不爱其资，虽智大迷，是谓要妙。

注释

①辙迹：轨迹，行车时车轮留下的痕迹。

②瑕谪：读xiá zhé，过失、缺点、疵病。

③关楗：栓梢。古代家户里的门有关，即栓；有楗，即梢，是木制的。楗，读jiàn。

④绳约：绳索。约，指用绳捆物。

译文

善于行走的,不留痕迹;善于言谈的,没有过失;善于计算的,不用筹码;善于关闭的,不用栓梢却使人不能开;善于捆缚的,不用绳索却使人不能解。因此,有道的人总是善于做到人尽其才,所以没有被遗弃的人;总是善于做到物尽其用,所以没有被废弃的物。这就叫作保持明境。所以善人可以作为不善人的老师,不善人可以作为善人的借镜。不尊重他的老师,不珍惜他的借镜,虽然自以为聪明,其实是大迷糊,这真是个精要深奥的道理。

不善的人可以让善人引以为戒,如果遇到不好的人或事,就提醒自己不要去做。

塑品格

道生万法　因材施教

得道的人可以从容地化解各种各样的问题,因为道生万法。一个得道的厨师可以同时掌六口锅而气定神闲,没有得道的厨师掌一口锅都手忙脚乱。得道的人看什么都顺眼,因为在其眼中没有垃圾,反之则处处抱怨看不到美好。一个得道的老师看哪个学生都是人才,能因材施教,引导其发现人生的使命和意义;未得道的老师只会指责打压学生让其失去自信。

微觉察

孔子说:"见贤思齐焉,见不贤而内自省也。"请你结合实例谈一谈对这句话的理解。

第二十八章

> 他们低调、谦卑，遇事总是为他人着想。

> 老师，"常德乃足"的人有什么特点呢？

读经典

知其雄，守其雌①，为天下溪②。为天下溪，常德不离，复归于婴儿。知其白，守其黑，为天下式。为天下式，常德不忒，复归于无极。知其荣，守其辱，为天下谷。为天下谷，常德乃足，复归于朴。朴散则为器③，圣人用之，则为官长④，故大制不割。

注释

①知其雄，守其雌："雄"譬喻刚、动、躁进。"雌"譬喻柔、静、谦下。
②溪：同"蹊"，蹊径。
③器：物，指万物。
④官长：百官的首长，指君主。

译文

深知雄强，却安于雌柔，作为天下所遵循的蹊径。作为天下所遵循的蹊径，常德就不会离失，而回复到婴儿的状态。深知明亮，却安于暗昧，作为天下的规范。作为天下的规范，常德才可以充足，而回复到真朴的状态。深知什么是荣耀，却安守卑辱的地位，甘愿做天下的川谷。甘愿做天下的川谷，常德才得以充足，而回复到真朴的状态。真朴的道分散成万物，有道的人沿用真朴，则为百官的首长，所以完善的政治是不割裂的。

> 老师，什么叫作"朴散则为器"呢？

> 质朴是万物的本质，外形和状态虽有差异，本质都是一样的。比如金戒指、金手镯和金项链，它们样子各不相同，但都是金子做的。

塑品格

韬光养晦　难得糊涂

现在很多人都争强好胜，力求彰显自我，做出一些贡献就希望天下人都知道，做出一些成绩便开始到处炫耀，多付出一些就希望他人多多表扬，这样的企图心会给我们带来不好的结果。道是"韬光养晦"的，随处都蕴涵道却不见其踪影，道是"难得糊涂"的，抓大放小而不斤斤计较。

微觉察

争执不下时，你觉得该坚持到底还是适时退让一步？这个度该如何把握呢？

第二十九章

"为者败之,执者失之"告诉我们做事不能一味逞强和强势,对人不能占有和控制,这两种心态会把事情搞砸的。

我们一起去游泳吧!

可是我不喜欢游泳,我想去爬山。

读经典

将欲取①天下而为②之,吾见其不得已。天下神器,不可为也,不可执也。为者败之,执者失之。故物或行或随;或嘘③或吹④;或强或羸(léi);或培或堕。是以圣人去甚,去奢,去泰⑤。

注释

①取:为、治理。

②为:指有为,靠强力去做。

③嘘:读xū,轻声和缓地吐气。

④吹:急吐气。

⑤泰:即太过。

译文

想要治理天下却用强力去做,我看他是不能达到目的了。天下是神圣的东西,不能出于强力,不能加以把持。出于强力的一定会失败,加以把持的一定会失去。世人情性不一,有的行前,有的随后;有的性缓,有的性急;有的强健,有的羸弱;有的自爱,有的自毁。所以圣人要去除极端的措施,去除奢侈的措施,去除过度的措施。

> 每个人都有自己的特点和喜好,我们要尊重他人,才能与人和谐相处。

塑品格

把握好度 不走极端

须知过犹不及。过和不及,其实都是偏离了正轨,不管是哪种偏离,都会差之毫厘谬以千里。譬如水之于农作物,水不能完全没有,这样农作物会旱死;水也不能过多,这样农作物会涝死。只有在农作物生长的季节里风调雨顺,在收获的季节才能实现丰收。生活中,遇事应把握好度,遵循规律,把握分寸。当我们听到他人就我们为人处世做出这类评价——太极端了,太奢侈了,太过分了……我们就该有所反省,是否分寸有失,及时做出调整,回到正道。

微觉察

有一个望子成龙的妈妈,对孩子有着极为苛刻的要求,把孩子课余时间用十几个辅导班占满了。长此以往,你觉得可能会产生怎样的后果?请你给这个妈妈一些好的建议。

第三十章

读经典

　　以道佐人主者，不以兵强天下。其事好还①。师之所处，荆棘生焉。大军之后，必有凶年。善者果而已，不敢以取强。果而勿矜，果而勿伐，果而勿骄，果而不得已，果而勿强。物壮②则老，是谓不道③，不道早已④。

| 注释 |

　　①其事好还：用兵这件事一定能得到还报。还，还报、报应。
　　②物壮：强壮、强硬。
　　③不道：不合乎于"道"。
　　④早已：早死、很快完结。

第三十章

| 译文 |

　　用道辅助君主的人，不靠兵力逞强于天下。用兵这件事一定会得到还报。军队所到的地方，荆棘就长满了。大战过后，一定会变成荒年。善用兵的只求达到救济危难的目的就是了，不借用兵力来逞强。达到目的却不自满，达到目的却不夸耀，达到目的却不骄傲，达到目的却出于不得已，达到目的却不逞强。凡是气势壮盛的就会趋于衰败，这是不合于道的，不合于道的很快就会消逝。

塑品格

互相尊重　和平共处

　　"物壮则老"，物极必反，这是宇宙的法则。如果某个族群一直要强大自己，而不尊重其他人、其他物种，大自然一定会演化出能够把这个族群克掉的其他物种。试想，古今中外那些喜好穷兵黩武的人，哪一个能够真正拥有天下呢？所以，国家与国家之间应该减少战争，和平共处，如此才会有更长久的生存和发展。

| 微觉察 |

　　当今的世界并不和平，我们只是有幸生活在了和平的中国，所以我们对伟大的祖国要心怀感激。针对当下的世界局势，请你谈一谈对战争与和平的看法。

第三十一章

读经典

　　夫兵者①，不祥之器，物或恶之，故有道者不处。君子居则贵左②，用兵则贵右。兵者不祥之器，非君子之器，不得已而用之，恬淡为上。胜而不美，而美之者，是乐杀人。夫乐杀人者，则不可得志于天下矣。吉事尚左，凶事尚右。偏将军居左，上将军居右。言以丧礼处之。杀人之众，以悲哀泣之，战胜以丧礼处之。

| 注释 |

　　①兵者：指兵器。

　　②贵左：古人以左为阳，以右为阴。阳生而阴杀。尚左、尚右、居左、居右都是古人的礼仪。

第三十一章

|译文|

兵器是不祥的东西,大家都憎恶它,所以有道的人不使用它。君子平时以左方为贵,用兵时以右方为贵。兵器是不祥的东西,不是君子所使用的东西,万不得已使用它,最好要淡然处之。胜利了也不要得意洋洋,如果得意洋洋,就是喜欢杀人。喜欢杀人的人,就不能在天下得到成功。吉庆的事情以左方为上,凶丧的事情以右方为上。偏将军在左方,上将军在右方。这是说出兵打仗用丧礼的仪式来处理。杀人众多,带着哀痛的心情去对待,打了胜仗要用丧礼的仪式去处理。

塑品格

珍爱和平　反对战争

地球是一个完整和谐的存在,人、动物、植物,甚至细菌,都有它存在的价值。当我们用宏观的心看到整体的奥妙和重要,才会真正地尊重自然万物。人类真正的进化不是用武器去制造伤害,不是去发动战争,武器和战争只会把人类推向更危险的边缘,人类真正的进化是心灵的净化和品格的塑造。只有认识到全世界都是生命共同体,都是命运共同体,世界才会真正地实现和平、和谐!

|微觉察|

以前是战场上的武器,现在成为体育赛场项目中的器具,你能举出这样的例子吗?

第三十二章

读经典

道常无名、朴①。虽小②，天下莫能臣也。侯王若能守之，万物将自宾③。天地相合，以降甘露，民莫之令而自均④。始制有名，名亦既有，夫亦将知止，知止可以不殆。譬道之在天下，犹川谷之于江海。

注释

①无名、朴：这是指"道"的特征。

②小：用以形容"道"是隐而不可见的。

③自宾：宾，服从。自宾，指服于"道"。

④自均：自然均匀。这是说人们无需指令而"道"之养物犹甘露之自然均普。

第三十二章

|译文|

道永远是无名而处于朴质状态的。虽然幽微不可见,天下却没有人能使它臣服。侯王如果能守住它,万物将会自然地归从。天地间阴阳之气相合,就降下甘霖,人们不须指使它而自然润泽均匀。万物兴作就产生了各种名称,各种名称已经制定了,就知道有个限度,知道有个限度,就可以避免危险。道和天下的关系,犹如江海和河川的关系一样。

塑品格

控制自我 适可而止

遇事要把握好度,不要过度追求欲望,而要在取舍中达到平衡。比如面对美味,吃到七分饱即可。经常过量,容易患肠胃疾病,还容易长胖。只有饮食适度,保护好肠胃,才可以经常品尝美味而没有不良后果。打游戏也是如此,如果不懂得适可而止,就容易被游戏控制,成为游戏的奴隶,导致视力下降、学习下滑等不良后果,给自己和家人带来很大的烦恼。

|微觉察|

世界卫生组织把游戏成瘾列为精神疾病,中国国家新闻出版署也于2021年8月下发通知,要求所有网络游戏企业仅可在周五、周六、周日和法定节假日每日20时至21时向未成年人提供1小时服务。请联系生活实际发表你对此事的看法。

第三十三章

> 我们要做认识别人的智者，了解自己的明者，战胜自己的强者，知足常乐的富者，坚持不懈的有志者。

> 老师，我们要做一个怎样的人呢？

读经典

知人者智，自知者明。胜人者有力，自胜者强①。知足者富。强行②者有志。不失其所者久，死而不亡③者寿。

注释

①强：刚强、果决。

②强行：勤勉力行。

③死而不亡：身虽死而"道"犹存。

译文

认识别人的是"智"，了解自己的才算"明"。战胜别人的是有力，克服自己的才算坚强。知道满足的就是富有。努力不懈的就是有志。不离失根基的就能长久，身死而不朽的才是长寿。

第三十三章

老师,什么是真正的长寿呢?

真正的长寿是精神的长存。

老子在两千五百多年前已经过世了,但是他的思想、著作和精神却流传了下来,影响着一代又一代的人。

塑品格

知人者智　自知者明

"不识庐山真面目,只缘身在此山中",知人难,知己更难。点亮一盏灯,可以照亮整间屋子,然而灯附近的地方却没有光的照耀,即俗称的"灯下黑"。人也有"灯下黑",往往不能全面认识自己,对自己或认识不足,或自视过高。点亮自己方能照亮他人,带着觉察自己的心不断突破自己,相信突破后的自己也可以启迪他人智慧。

| 微觉察 |

成长的路上,难免会有自我迷失的时候。在迷茫的时候我们该如何做呢?

第三十四章

老师，为什么道一会儿小，一会儿大呢？

道养育了万物，却从来不说自己是万物的主人，这就是它的小；万物都遵循道生长发展，这就是它的大。

读经典

大道氾①兮，其可左右。万物恃之以生而不辞，功成而不有②。衣养③万物而不为主，可名于小；万物归焉而不为主，可名为大。以其终不自为大，故能成其大。

注释

①氾：广泛。
②不有：不自以为有功。
③衣养：覆盖，护持。衣，读yì。

译文

大道广泛流行，无所不至。万物依赖它生长而不推辞，有所成就而不自以为有功。养育万物而不自以为主，可以称它为"小"；万物归附而不自以为主宰，可以称它为"大"。由于它始终不自以为伟大，所以才能成就它的伟大。

> 水滋养了万物，却从来不表功，但天地万物都感恩它。我们要向水学习。

塑品格

保持谦卑　不去炫耀

自大者弱，谦卑者强。为什么这么说？有些人取得一点成果，就自大、自负，不把别人放在眼里，这样的人，众人离他远去，他成事所能借的力会越来越少；有些人，即使取得很大成就，也永远是谦卑的样子，尊重他人，这样的人，众人愿意追随他，借由集体的力量，他能成就更大的事业。所以，我们要时时保持谦卑，不必炫耀自己。

微觉察

请了解一下"鸿门宴"的故事，说一说项羽失败的原因是什么。

第三十五章

> 老师,什么叫"执大象,天下往"呢?

> 一个人掌握了道,就会成为大家追随的对象。

读经典

执大象①,天下往。往而不害,安平太②。乐与饵,过客止。道之出口,淡乎其无味,视之不足见,听之不足闻,用之不足既③。

注释

①大象:大道。
②安平太:安,乃,则,于是。太,同"泰",平和、安宁。
③既:尽。

| 译文 |

执守大道,天下人都来归往。归往而不互相伤害,于是大家都平和安泰。音乐和美食,能使过路的人停步。而道的表述,却淡得没有味道,看它却看不见,听它却听不着,用它却用不完。

塑品格

与人为善　以和相伴

江海处于低处,才能汇聚和容纳众水,一个人做到谦虚,懂得尊重别人,礼让他人,大家都会乐意跟他交朋友。中华民族自古以来都以"和"为贵,与人为善,所以越来越多的国际友人乐于学习中国文化。

| 微觉察 |

你看过《典籍里的中国》《中国诗词大会》《经典咏流传》等电视节目吗?你觉得这几个节目有什么共同点?

第三十六章

> 当我们身段柔软，对人恭敬尊重，言语柔和不伤人，这样的姿态，比起强硬的姿态，更能化解矛盾。

> 老师，为什么说"柔弱胜刚强"？

读经典

将欲歙①之，必固②张之；将欲弱之，必固强之；将欲废之，必固举之；将欲取之，必固与之，是谓微明③。柔弱胜刚强。鱼不可脱于渊，国之利器不可以示人。

注释

①歙：读xī，敛，合。
②固：有"必然""一定"之义。
③微明：微妙的先兆。

第三十六章

|译文|

将要收合的,必先张开;将要削弱的,必先强盛;将要废弃的,必先兴举;将要取走的,必先给予。这就是微妙的先兆。柔弱胜过刚强。鱼不能离开深渊,国家利器不可以随便耀示于人。

塑品格

保持柔韧　懂得内敛

物极必反,任何事物在发展的过程中,到达一个极限后,就会向它的反方向发展变化。在柔弱与刚强的对立中,柔弱的东西里面蕴含着内敛,极富柔韧性,生命力旺盛,发展的余地较大,往往能够驾驭刚强的事物。比如种子破土而出,滴水可以穿石,又比如舌头比牙齿存在的时间久,柔软的泡沫可以包裹住钢铁利器。

|微觉察|

有人说:"柔弱不就是懦弱吗?做人怎么能够这样呢?"你同意他的说法吗?为什么?

第三十七章

老师，什么是"无为"？

"无为"就是顺应自然，不去控制，如同日升月落、春夏秋冬的循环，本来就是如此。

读经典

道常无为而无不为。侯王若能守之，万物将自化。化而欲作，吾将镇之以无名之朴。无名之朴，夫亦将不欲。不欲以静，天下将自正。

译文

道永远是顺其自然的，然而没有一件事不是它所为。侯王如果能持守它，万物就会自生自长。自生自长而至贪欲萌作时，我就用道的真朴来安定它。用道的真朴来安定它，就不会起贪欲。不起贪欲而趋于宁静，天下便自然复归于安定。

> 老师，为什么"无为而无不为"呢？

> 正因为顺应自然，花草树木、稻谷麦苗才能成长，万物都是自然化育而来，所以虽然无为，却又无所不能。

塑品格

顺应自然　遵循规律

无为即不妄为。大道无为，始终按照自己的轨道运行，可使整个宇宙和谐有序；治国者无为，始终遵循自然法则和社会法则，可使国家大治，百姓安定；自我无为，始终遵循自然之道和人生法则，可使自己健康长寿；父母无为，尊重孩子的天性并因材施教、因势利导，可使孩子幸福成长。

| 微觉察 |

遇事要顺应自然、遵循规律，生活中也要如此。以下哪些做法是"无为"的表现呢？

A.早睡早起，作息规律　　B.加强锻炼，强身健体
C.熬夜奋战，游戏人生　　D.退耕还林，植树造林

第三十八章

> 老师,什么叫作"上德不德,是以有德"?

> 这是说真正有德行的人从来不标榜自己,从外表是看不出来的。

读经典

上德不德①,是以有德;下德不失德,是以无德。上德无为而无以②为;上仁为之而无以为;上义为之而有以为。上礼为之而莫之应,则攘(rǎng)臂而扔之。故失道而后德,失德而后仁,失仁而后义,失义而后礼。夫礼者,忠信之薄(bó),而乱之首。前识者,道之华③,而愚之始。是以大丈夫处其厚④不居其薄;处其实,不居其华。故去彼取此。

| 注释 |

①不德:不表现为形式上的"德"。
②以:心、故意。
③华:虚华。
④处其厚:立身敦厚、朴实。

译文

上德的人不自恃有德，所以实是有德；下德的人刻意求德，所以没有达到德的境界。上德的人顺应自然而无心作为；上仁的人有所作为而出于无意；上义的人有所作为且出于有意。上礼的人有所作为而得不到回应，于是就扬着胳臂使人强从。所以丧失道就会失去德，丧失了德就会失去仁，丧失了仁就会失去义，丧失了义就会失去礼。礼，标志着忠信的不足，是祸乱的开端。预设的种种规范，不过是道的虚华，是愚昧的开始。因此大丈夫立身敦厚而不居于浅薄；存心笃实，而不居于虚华。所以舍弃浅薄、虚华而采取敦厚、笃实。

> 老师，什么叫"下德不失德，是以无德"呢？

> 我就喜欢帮助穷人。

> 做了好事，总要求别人的夸奖，就是还没有达到德的境界。

塑品格

有德不得　理当如此

上德者认为一切有德的行为本该如此，做了好事也觉得没什么，理当如此，无须标榜，好比他们如果孝顺父母会认为这本身就是应该的，不需要赞美。反之，有些人做好事是为了彰显自己，为了炫耀自身，这样看似有德实则有缺。

微觉察

"没有一棵树需要证明它是树，一个人越炫耀什么，内心便越缺什么。"请联系生活实际，谈谈你对这句话的理解。

第三十九章

"一"就是道,就是天地间的规律,我们要顺应自然,遵循规律。

老师,什么是"一"?为什么要"得一"呢?

读经典

昔之得一[①]者:天得一以清,地得一以宁,神得一以灵,谷得一以盈,万物得一以生,侯王得一以为天下正。其致之也,谓天无以清,将恐裂;地无以宁,将恐废;神无以灵,将恐歇;谷无以盈,将恐竭;万物无以生,将恐灭;侯王无以正,将恐蹶(jué)。故贵以贱为本,高以下为基。是以侯王自称孤、寡、不穀[②]。此非以贱为本邪?非乎?故至誉无誉。是故不欲琭琭[③]如玉,珞珞[④]如石。

|注释|

①得一:即得道。

②孤、寡、不穀:三者都是王侯的谦称。孤、寡是谦虚地说自己孤德、寡德。不穀有不善的意思。穀,读gǔ。

③琭琭:琭,读lù。形容玉美的样子。

④珞珞:珞,读luò。形容石坚的样子。

译文

从来凡是得到道的：天得到道而清明，地得到道而宁静，神得到道而灵妙，河谷得到道而充盈，万物得到道而生长，侯王得到道而使得天下安定。推而言之，就是说天不能保持清明，难免要崩裂；地不能保持宁静，难免要震溃；神不能保持灵妙，难免要消失；河谷不能保持充盈，难免要干涸；万物不能保持生长，难免要灭绝；侯王不能保持天下安定，难免要被颠覆。所以贵以贱为根本，高以下为基础。因此侯王自称为孤、寡、不穀。这不是把低贱当作根本吗？不是吗？所以最高的称誉是无需夸誉的。因此不愿像玉般华丽，宁可如石块般坚实。

> 老师，为什么"贵以贱为本"呢？

> 只有充分地尊重人民群众，治国者才能维护自己的统治。如果做不到，必然引起百姓的抗争。

塑品格

放低姿态　服务他人

总高高在上的人，容易摔下来，甚至粉身碎骨。中国共产党为何能够得人心？因为中国共产党始终恪守人民至上的原则，把为人民服务作为根本宗旨。同样，人生在世，不必处处光鲜、锦衣玉食，质朴一些会更好；也不必事事强硬、坚持己见，放低姿态会更好。真正得"道"的人，懂得守拙，懂得尊重，懂得从"一"。

微觉察

你知道季羡林在北京大学校园帮学生看行李的故事吗？你知道托尔斯泰在火车站被人施舍一枚硬币的故事吗？请说一说你从中得到了什么启发。

第四十章

别人不愿意做的事情，你愿意做，道就来帮你了；别人不愿意吃苦、吃亏，你愿意吃，道就启动了。

读经典

反者①道之动；弱者道之用。天下万物生于有，有生于无。

注释

①反者：循环往复。

译文

道的运动是循环的；道的作用是柔弱的。天下万物生于有，有生于无。

塑品格

退让而得　示弱而强

示弱是一种智慧。大多数的人喜欢争名逐利，不愿意吃苦、吃亏，如果我们反着来，不去争名逐利，还可以吃苦吃亏，道便来帮我们了；大多数的人喜欢争强好胜，希望超越他人并让他人听话，如果可以柔软下来，退让一步，道便起作用了！

| 微觉察 |

当你和家人、朋友或陌生人发生冲突的时候，该怎么通过示弱来化解冲突呢？请举例说明。

第四十一章

就算是道这么好的东西，也不会所有人都追求，只有悟性高的上士才会追求道并践行道，而悟性差的下士读不懂，他们觉得道虚无缥缈、不切实际，只会嘲笑道。

读经典

上士闻道，勤而行之；中士闻道，若存若亡；下士闻道，大笑之。不笑不足以为道。故建言①有之：明道若昧；进道若退；夷道若颣②；上德若谷；大白若辱；广德若不足；建德若偷；质真若渝；大方无隅③；大器晚成；大音希声；大象无形；道隐无名。夫唯道，善贷且成④。

| 注释 |

①建言：立言。

②夷道若颣：夷，平坦；颣，读lèi，崎岖不平、坎坷曲折。

③大方无隅：隅，角落、墙角。最方正的东西却没有角。

④善贷且成：贷，施与、给予，引申为帮助、辅助。道使万物善始善终，而万物自始至终也离不开道。

第四十一章

| 译文 |

  上士听了道,努力去践行;中士听了道,将信将疑;下士听了道,哈哈大笑。不被嘲笑就不足以成为道。所以古时候立言的人说过这样的话:光明的道好似暗昧;前进的道好似后退;平坦的道好似崎岖;崇高的德好似低下的川谷;最纯洁的心灵好似含垢的样子;广大的德好似不足;刚建的德好似懦弱的样子;质性纯真好似随物变化的样子;最方正的东西好似没有棱角;贵重的器物总是最后完成;最大的乐声反而听来无音响;最大的形象反而看不见行迹;道幽微而没有名称。只有道,善于辅助万物并使它完成。

塑品格

守住中心　依道而行

  "不笑不足以为道"就是告诉我们要守住中心,依道而行,不必过于在乎他人的眼光。一个人在追求梦想的时候,难免会有人投来异样的目光。可每个人对同样事情的看法是不一样的,如果我们太在乎他人的眼光,便会失去自己的中心。连道都会有人嘲笑,何况人呢?所以,只要你认为自己的行为是有意义的,那就守住中心,依道而行,梦想终会成真。

| 微觉察 |

  请观看微电影《田埂上的梦》,联系自身成长,说一说对你有什么启发。

第四十二章

"一"是指宇宙形成之初的混沌状态,"二"是指阴阳二气,"三"是指阴阳和合产生万物,就像我们的家庭一样,有了父亲、母亲,就有了孩子,进而会有孙子、曾孙、玄孙等,子子孙孙生生不息。

老师,"道生一,一生二,二生三,三生万物"中的一、二、三指的是什么?

读经典

道生一,一生二,二生三,三生万物。万物负阴而抱阳①,冲气以为和②。

|注释|

①负阴而抱阳:背阴而向阳。
②冲气以为和:冲,冲突、交融。此句意为阴阳二气互相冲突交和而成为均匀和谐状态,从而形成新的统一体。

| 译文 |

道是独立无偶的,混沌未分的统一体产生天地,天地产生阴阳之气,阴阳两气相交而形成各种新生体。万物背阴而向阳,阴阳两气相互激荡而成新的和谐体。

塑品格

和谐统一　阴阳调和

道生万物,万物之中包含了阴阳二气,阴阳是相辅相成的,孤阴不生孤阳不长,新的和谐在阴阳更替消亡之间生成,这是万物生长的自然规律,是"道"演化的特征之一。人的成长过程中,也会遇到阴阳此消彼长的过程,不要害怕人生路上一时的"阴",因为困难会磨砺人,而磨砺会带来新的机遇,只有把握住人生中的"阴",才能寻找到面向新生的"阳",收获成功。

| 微觉察 |

你知道按照现代科学的眼光来看,地球上的生物是如何产生和演化的吗?

第四十三章

> 水从来不表功,却可以滋润土地,生养万物。大自然的种种现象都可以指导我们,这就是不言之教。

> 老师,什么是"不言之教"?

读经典

天下之至柔,驰骋①天下之至坚。无有入无间②,吾是以知无为之有益。不言之教,无为之益,天下希③及之。

| 注释 |

①驰骋:形容马奔跑的样子。
②无有入无间:无形的力量能够穿透没有间隙的东西。
③希:稀少。

| 译文 |

天下最柔软的东西,能驾驭天下最坚硬的东西。无形的力量能穿透没有间隙的东西,我因此知道无为的益处。不言的教导,无为的益处,天下很少能够做得到的。

第四十三章　　　　　　　　　　　87

> 遵循事物发展的规律来行动，就可以有事半功倍的效果，这就是无为的好处。

> 老师，什么是"无为之益"呢？

塑品格

保持冷静　平心静气

不言与无为，为未来的立言与有为留下了足够的空间，是前因后果的关系。不言是微微一笑将言未言的状态，气定神闲，提高觉察；无为是箭在弦上欲发未发的状态，觉察整体，探寻规律。遇事冷静方能化解危机，让自己平心静气，方能掌控全局。

| 微觉察 |

教育孩子，有些父母爱唠叨、抱怨、指责、要求，有些父母爱包办、包揽本应由孩子完成的事情。你想对这两类父母说些什么？

第四十四章

读经典

名与身孰亲？身与货孰多①？得与亡②孰病？甚爱必大费；多藏必厚亡。知足不辱，知止不殆，可以长久。

|注释|

①多：这里作重的意思。
②得与亡：得，指得名利；亡，指丧失生命。

|译文|

声名和生命比起来哪一样亲切？生命和财物比起来哪一样贵重？得到名利和丧失生命哪一样有害？过分的爱名就必定要付出

重大的耗费；过多的藏货就必定会招致惨重的损失。所以知道满足就不会受到屈辱，知道适可而止就不会带来危险，这样才可以保持长久。

要控制好自己的情绪哦！

做任何事情都要有分寸，对自己的情绪要有所控制，对自己的言语要谨慎有礼，只有如此，人生才能平安幸福。

如何做到"知止不殆"呢？

塑品格

时常反省　减少贪念

每个人本可以自然自在地生活，却往往因为贪欲毁了自己。人的贪欲就像电脑的病毒一样，如果不对其防护、扫描、查杀、隔离，而任其进入核心位置，就必然会导致整个系统的崩溃。所以，要经常反省自己，别贪心，懂得知足常乐，把握好度，知道适可而止，如此才会有长久的平安和幸福。

| 微觉察 |

你对历史上的贪官和清官有所了解吗？请各举一人，简要说说他们的故事和结局。

第四十五章

> 最充盈的东西好像是空虚的一样，比如炼铁炉旁边的风箱，它中间是空的，一拉一推，能把炉火烧得旺旺的，而且可以一直推拉下去，力量好像无穷无尽。

> 老师，为什么"大盈若冲，其用不穷"？

读经典

大成①若缺，其用不弊。大盈若冲②，其用不穷。大直若屈，大巧若拙，大辩若讷(nè)。躁胜寒，静胜热。清静为天下正。

|注释|

①大成：最为圆满的东西。
②冲：虚，空虚。

|译文|

最圆满的东西好像有欠缺一样，但是它的作用是不会衰竭的。最充盈的东西好像是空虚的一样，但是它的作用是不会穷尽

的。最正直的东西好像是弯曲的一样，最灵巧的东西好像是笨拙的一样，最卓越的辩才好像是口讷一样。疾动可以御寒，安静可以耐热。清静无为可以使天下安定。

> 我们要把自己的心腾空，处于宁静的状态中就能产生无尽的力量了。

> 我们要怎样做才能力量无穷呢？

塑品格

谨言慎行　空杯谦逊

名将不谈兵，他深知兵的千变万化，不可轻谈。名医不谈药，他深知病情的多种多样，不可轻易开处方。真正的富豪不会摆阔气。高明的领导不会拿腔作势。反而是有些一瓶子不满半瓶子晃荡的人，不甘寂寞，到处指手画脚，处处自我表现，常常导致自己深陷困境。所以，做人当谨言慎行，空杯谦逊。

| 微觉察 |

小林最近很烦躁，时常发脾气，你建议他用以下哪种方法让心回归宁静呢？为什么？

A.打扫卫生，把家里没用的东西清理出去

B.到郊外走一走，听一听鸟叫虫鸣

C.和朋友一起通宵打游戏，然后睡一觉

D.找心理咨询师倾诉，进行心理治疗

第四十六章

> 人生的过错和险境都是由不满足带来的,欲望是深不可见的黑洞,如同激流中湍急的漩涡,只会把人越裹越紧,让人无法脱身。一个人只有学会克制自己的欲望,才能趋吉避凶。

> 老师,为什么"咎莫大于欲得;祸莫大于不知足"?

读经典

天下有道,却①走马以粪②。天下无道,戎马③生于郊。咎(jiù)莫大于欲得;祸莫大于不知足。故知足之足,常足矣。

|注释|

①却:退回,屏去。

②粪:耕种,播种。

③戎马:战马。

第四十六章

| 译文 |

　　国家政治上轨道，把运载的战马还给农夫用来耕种。国家政治不上轨道，便大兴战马于郊野而发动征战。罪过没有过于贪得无厌的了；祸患没有过于不知足的了。所以懂得满足的这种满足，将是永远的满足。

塑品格

知足常乐　珍惜拥有

　　一个人的幸福往往不在于拥有得多，而在于计较得少。他人花开满园，若我们在其中能感受到一缕芬芳，便也获得了美好，如果因为他人花开而羡慕甚至嫉妒，我们便会瞬间痛苦。如果我们总在意自己没有的或者失去的，便很难感受到幸福；如果我们看到自己拥有的并好好珍惜，我们便已经被幸福包围。

| 微觉察 |

　　细细想来，其实我们每个人都是"百万富翁"。请列举一下你都拥有哪些宝贵的"财富"。

第四十七章

> 这就如同池塘，只有水面平静的时候，才能把四周的花草树木映照得清清楚楚。像湍急前行的溪流，是无法照出花草树木本来面目的，也就失去了映照的智慧。

> 老师，为什么"不出户，知天下"？

东方哲学注重内求，通过自我修养，让心能够安定澄净，自然就无所不知了。

读经典

不出户，知天下；不窥牖①，见天道②。其出弥（mí）远，其知弥少。是以圣人不行而知，不见而明③，不为而成。

|注释|

①窥牖：窥，从小孔隙里看；牖，读yǒu，窗户。
②天道：日月星辰运行的自然规律。
③不见而明：此句意为不窥见而明天道。

第四十七章

| 译文 |

不出门，能够推知天下的事理；不望窗外，能够了解自然的法则。越向外奔逐，对道的认识也越少。所以圣人不出行却能感知，不察看却能明晓，无为却能成功。

塑品格

见微知著　触类旁通

大智慧的人注重简单、静心和自省，他们的可贵之处在于能顺其自然、见微知著、触类旁通，见瓶水之冰而知天下之寒。其实"道"不远人，"道"就在我们的身边，在一草一木中，在一粥一饭里。有些人无视自然，漠视规律，就会如一只无头苍蝇一样到处乱撞，到处碰壁，在茫然和忙乱中一无所获、一事无成。

| 微觉察 |

据说，鲁班因手被植物划伤有所领悟而发明了锯，牛顿被苹果砸了头有所领悟而发现了万有引力定律。你还知道古今中外的哪些人因为在生活中受到启发从而有伟大的发明或发现呢？

第四十八章

读经典

为学①日益，为道②日损。损之又损，以至于无为。无为而无不为。取天下常以无事③，及其有事④，不足以取天下。

注释

①为学：探求外物的知识活动。

②为道：通过冥想或体验的途径，领悟事物未分化状态的"道"。

③无事：即无扰攘之事。

④有事：繁苛政举在骚扰民生。

译文

求学一天比一天增加成见，求道一天比一天减少智巧。减少

第四十八章

又减少，一直到"无为"境地。如能"无为"那就没有什么事情做不成的了。治理国家要常清净不扰攘，至于政举繁苛，就不配治理国家了。

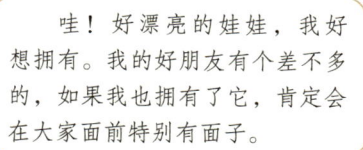

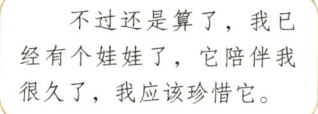

> 哇！好漂亮的娃娃，我好想拥有。我的好朋友有个差不多的，如果我也拥有了它，肯定会在大家面前特别有面子。

> 不过还是算了，我已经有个娃娃了，它陪伴我很久了，我应该珍惜它。

每天做减法，放下自己的贪心和比较，把心空出来，才能装得下真理啊！

塑品格

慎做加法　常做减法

俗话说，越帮越忙、越描越黑、画蛇添足，滥用加法不讲减法是缺少智慧的。为道日损才是智者的选择。我们的生命是有限的，要理智地从外求转向内求，减少贪欲、妄想、计较、比较和不切实际的执着等。什么是人生最为重要的呢？找到这个中心便易于取舍了。

| 微觉察 |

在家中，你遇到过父母对你"越帮越忙"的事情吗？你希望父母怎么做呢？请给他们提些建议。

第四十九章

> 圣人以善心对待一切人，不管对方是善人还是不善的人。这样做是为了树立人人向善的风气，这就是圣人"无弃人"的人道主义精神。

> 老师，为什么要"善者，吾善之；不善者，吾亦善之"？

读经典

圣人常无心①，以百姓心为心。善者，吾善之；不善者，吾亦善之；德②善。信者，吾信之；不信者，吾亦信之；德信。圣人在天下，歙③歙焉，为天下浑其心④，百姓皆注其耳目，圣人皆孩之。

注释

①常无心：意为长久保持无私心。

②德：假借为"得"。

③歙：读xī，意为吸气。此处指收敛意欲。

④浑其心：使人心思化归于浑朴。

译文

圣人没有主观成见，以百姓的心为心。善良的人，我善待他；不善良的人，我也善待他；这样可使人人向善。守信的人，我信任他；不守信的人，我也信任他；这样可使人人守信。圣人在位，收敛自己的主观成见与意欲，使人心思化归于浑朴，百姓都专注他们自己的耳目欲望，圣人则要使他们回复到婴孩般纯厚质朴。

圣人会收敛自己的成见和欲望，从不主观判定是非善恶，在他眼中万事无好无坏、无善无恶。

塑品格

悦纳一切　化敌为友

用光明正大回应别人的阴谋诡计，用与人为善对待猜测欺骗，能够做到如此德善德信的人，便是没有分别心的圣人。圣人心中有着巨大的全局和无边的慈悲，以一颗广博的心包容一切、悦纳一切，继而使人化敌为友，彼此信任长存。

微觉察

"凭什么要我吃亏？我就要以眼还眼、以牙还牙；你对我不仁，就别怪我对你不义；你对我乱咬，就不要怨我对你下嘴……"两人互相争斗，谁也不让谁，继而一个污点染黑一片，一个野蛮恶化全局。请你心平气和地给他们提些建议。

第五十章

> 什么叫作"生之徒,十有三;死之徒,十有三;人之生,动之于死地,亦十有三"?

一个人有生就有死,长寿的人占十分之三,短寿的人占十分之三,还有十分之三本来是长寿的,可是求生的欲望太强,求不死药,过度补养身体,反而会适得其反,也会变得短寿。

读经典

出生入死①。生之徒②,十有三③;死之徒④,十有三;人之生,动之于死地,亦十有三。夫何故?以其生生之厚。盖闻善摄生者,陆行不遇兕(sì)虎,入军不被甲兵;兕无所投其角,虎无所用其爪,兵无所容其刃。夫何故?以其无死地。

| 注释 |

①出生入死:出世为生,入地为死。
②生之徒:属于长寿的。
③十有三:十分之三。
④死之徒:属于短寿的。

第五十章

|译文|

人出世为生，入地为死。属于长寿的，占十分之三；属于短寿的，占十分之三；人过分奉养生命，妄为而走向死路的，也占了十分之三。为什么呢？因为奉养太过度了。听说善于养护生命的人，在陆地上行走不会遇到犀牛和老虎，在战争中不会受到杀伤；犀牛用不上它的角，老虎用不上它的爪，兵器用不上它的刃。为什么呢？因为他没有进入死亡的范围。

> 老师，怎样才能长寿呢？

> 如果一个人能够做到少私寡欲，物质上淡泊节俭，精神上知足常乐，顺应自然，自然就能长寿了。

塑品格

随遇而安　自然而然

每个人的人生都是一场无法排练的剧本，每一天都是新的，不知道将发生什么，也不知道会遇见谁，人生中有着太多的无常，很多非人为所能掌控，所以懂得随遇而安，自然而然就变得十分重要了。

|微觉察|

你周围有百岁老人吗？对他们做个采访，问问他们有什么长寿的秘诀吧！

第五十一章

道德的尊贵在于不干涉万物的生长,让万物自由生长,自我完善,绽放出各自生命的光芒,而不限制和干扰。如果一个人懂得尊重别人,大家就会因为感到轻松自在而愿意跟他相处。

读经典

道生之,德畜之,物形之,势①成之。是以万物莫不尊道而贵德。道之尊,德之贵,夫莫之命而常自然②。故道生之,德畜之;长之育之;亭之毒之;养③之覆④之。生而不有,为而不恃,长而不宰,是谓"玄德⑤"。

注释

①势:万物生长的自然环境。
②莫之命而常自然:不干涉或主宰万物,而任万物自化自成。
③养:爱养、护养。
④覆:维护、保护。
⑤玄德:即上德。

| 译文 |

道生成万物，德蓄养万物，万物呈现各种形态，环境使万物成长。所以万物没有不尊崇道而珍视德的。道所以受尊崇，德所以被珍视，就在于它不加干涉，而顺其自然。所以道生成万物，德蓄养万物；使万物成长作育；使万物安宁心性；使万物得到爱养调护。生长万物而不据为己有，兴作万物而不自恃己能，长养万物而不为主宰，这就是最深的德。

> 爸爸，我要走这条路。

> 去吧，爸爸尊重你的选择，也相信你会在这条路上收获很多！

塑品格

相信放手　尊重天赋

真正的爱，是如其所是，而非如我所愿。父母对待孩子，老师对待学生，领导对待下属，都应该有充分的尊重和信任，给予他们成长和自由的空间，让阳光、空气和水分去滋养他们，也让乌云、狂风和暴雨去磨砺他们，让每个人的天赋和能力自然而然地彰显。当一个人在自然的状态下绽放了，他便活出了本我的自在。

| 微觉察 |

"想让一条鱼自卑，就让它去爬树。"请联系生活实际，说说你对这句话的理解。

第五十二章

读经典

天下有始①，以为天下母②。既得其母，以知其子③；既知其子，复守其母，没身不殆。塞其兑，闭其门，终身不勤；开其兑，济其事，终身不救。见小曰明，守柔曰强。用其光，复归其明④，无遗身殃。是为袭常。

注释

①始：本始，此处指"道"。
②母：根源，此处指"道"。
③子：派生物，指由"母"所产生的万物。
④用其光，复归其明："光"是向外照耀，"明"是向内透亮。

|译文|

　　天地万物都有本始，作为天地万物的根源。如果得知根源，就能认识万物；如果认识万物，又持守着万物的根源，终身都没有危险。塞住嗜欲的孔窍，闭起嗜欲的门径，终身都没有劳扰的事；打开嗜欲的孔窍，增添纷杂的事件，终身都不可救治。能察见细微的叫作明，能持守柔弱的叫作强。运用智慧的光，返照内在的明，不给自己带来灾殃。这叫作永续不绝的常道。

　　我们看淡事物，要抓住根本，循道而行，这样往往不会遇到危险。如果舍本逐末，过度追逐物质，偏道而行，就会迷失自我，陷入危险之中。

塑品格

抓住根本　事半功倍

　　世间万物都有本始，只有谨守这个根本道理，才能取得成功。比如学习需要用心和坚持，用心就能够提升效率，举一反三；坚持才能通过量变达到质变。凡事抓住本质便可事半功倍，不要在琐碎中耗费自己的宝贵时光！

|微觉察|

　　司马光与"警枕"、达·芬奇画蛋、居里夫人提炼"镭"……古今中外有很多因用心和坚持不懈而取得成功的故事，请你选择其中的一个故事，用自己的话给大家讲一讲。

第五十三章

> 一个人在大道上行走,唯恐走了邪路,所以非常谨小慎微。如同我们现在的道路,有机动车道、非机动车道和人行道,不同的区域有不同的功能,如果走错了道,就会让自己陷入危险之中。

> 老师,什么叫作"行于大道,唯施是畏"?

读经典

使我介然有知①,行于大道,唯施②是畏(wèi)。大道甚夷(yí)③,而人④好径⑤。朝(cháo)甚除,田甚芜(wú),仓甚虚;服文彩,带利剑,厌饮食,财货有余,是谓盗夸。非道也哉!

注释

①介然有知:微有所知,稍有知识。

②施:邪、斜行。

③夷:平坦。

④人:指人君。

⑤径:斜径。

译文

　　假使我稍微有些认识，在大道上行走，唯恐走入了邪路。大道很平坦，但是人君却喜欢走斜径。朝政腐败极了，弄得农田非常荒芜，仓库十分空虚；还穿着锦绣的衣服，佩带锋利的宝剑，饱食精美的饮食，搜刮过多的财货，这就叫作强盗头子。多么的无道呀！

塑品格

依道而行　通达天下

　　一个人需要不断觉察自己的行为是否符合道，符合道的行为方能长久。私欲往往让人们不断为自己谋取利益，贪欲经常让人们拥有再多都不知足，物欲让人们不断追求物质的满足而忽视了心灵的安顿，这些欲望都是不符合道的，所以也无法长久。人的行为若不符合道，就终将为此付出代价。我们要依道而行，这样才能通达天下。

微觉察

　　你遇见过抢红灯、翻越护栏或醉酒驾车的人吗？请你告诉他们如此"走捷径"的严重性，再给他们提一些建议。

第五十四章

> 善建者就是知道种树的时候，最重要的是把它的根扎好、扎牢，也就是把握根本；善抱者就是抱持物体的时候，不能贪多，把自己的力量集中在一起，这样才能抱得长久。

> 老师，什么叫作"善建者"和"善抱者"？

读经典

善建者不拔，善抱^①者不脱，子孙以祭祀不辍^②。修之于身，其德乃真；修之于家，其德乃余；修之于乡，其德乃长^③；修之于邦，其德乃丰；修之于天下，其德乃普。故以身观身，以家观家，以乡观乡，以邦观邦，以天下观天下。吾何以知天下之然哉？以此。

注释

①抱：有牢固的意思。

②子孙以祭祀不辍：世世代代都能够遵守"善建""善抱"的道理，后代的香火就不会绝灭。

③长：盛大。

|译文|

善于建树的不可能拔除,善于抱持的不可以脱掉,如果子孙能够遵循、守持这个道理,那么世世代代的祭祀就不会断绝。把这个道理付诸自身,他的德性就会是真实纯正的;把这个道理付诸自家,他的德性就会丰盈有余;把这个道理付诸自乡,他的德性就会受到尊崇;把这个道理付诸自邦,他的德性就会丰盛硕大;把这个道理付诸天下,他的德性就会无限普及。所以,用自身来察看观照别身,用自家察看观照别家,用自乡察看观照别乡,用己国察看观照他国,用平天下之道察看观照天下。我怎么会知道天下的情况之所以如此呢?就是因为我用了以上的方法和道理。

塑品格

放大格局　目光长远

那些创建时考虑根深叶茂、与天地同在、与大道同一的东西,是不会被拔除的,比如万里长城、泰姬陵、金字塔、凯旋门等;传承者如果能与大道合一,也就不存在落后于时代的问题了,比如老子、孔子、苏格拉底、柏拉图等。古今中外那些伟大的先贤和他们的作品及思想是永远不会被世人遗忘的。

|微觉察|

你知道什么是"豆腐渣"工程吗?请你说一说为什么会有这样的事情发生。

第五十五章

老师，为什么会"物壮则老"呢？

任何事物发展到全盛时期，就是衰落的开始。比如月亮，每月十五和十六是最圆的，可是到了十七，月亮就开始缺了。

读经典

含德之厚，比于赤子。蜂虿虺蛇不螫①，攫鸟②猛兽不搏。骨弱筋柔而握固，未知牝牡之合而朘作③，精之至也。终日号而不嗄（shà），和之至也。知和曰常，知常曰明。益生曰祥。心使气曰强。物壮则老，谓之不道，不道早已。

| 注释 |

①蜂虿虺蛇不螫：虿，读chài，蝎类。虺，读huǐ，毒蛇。螫，读shì，毒虫用尾端刺人。

②攫鸟：用脚爪取物如鹰隼一类的鸟。攫，读jué。

③朘作：婴孩的生殖器勃起。朘，读zuī，男孩的生殖器。

译文

　　道德涵养浑厚的人，就好比初生的婴孩。蛇蝎毒虫不伤害他，凶鸟猛兽不伤害他。他虽然筋骨柔弱，但拳头握得很牢固，他虽然不知道男女的交合之事，但他的小生殖器勃然举起，这是精气充沛的缘故。他整天啼哭，但嗓子不会沙哑，这是和气纯厚的缘故。认识淳和的道理叫作"常"，知道"常"的叫作"明"。贪生纵欲就会遭殃。欲念主使精气就叫作逞强。事物过于壮盛了就会变衰老，这就叫不合于"道"，不遵守常道就会很快地死亡。

我们要经常保持如婴儿般柔弱但生命力旺盛的状态，这样才能长久。

塑品格

返璞归真　永葆青春

　　人在婴儿阶段处于无欲无求的状态，正在大哭的孩子转眼间就能哈哈大笑，因此就不会伤害到任何事物，也不会被任何事物伤害。单纯质朴的孩子所散发出来的能量源源不断且不含贪欲，但随着年龄的增长，我们会因为向外求的贪欲而过度耗费自己的能量，最后也会因为能量的消耗而消亡。所以，保留纯真、善良，守住精气神，才能有更为长久的活力。人的德行到家，德行淳厚以至无欲无求，可以媲美赤子之心。

微觉察

　　你认识"画坛鬼才老小孩"黄永玉吗？请了解一下他的奇闻轶事，相信你对"返璞归真"会有更深刻的理解。

第五十六章

口为祸福之门，所以真正有智慧的人并不会讲太多的话。

读经典

知者不言，言者不知。塞其兑，闭其门，挫其锐，解其纷，和其光，同其尘，是谓"玄同①"。故不可得而亲，不可得而疏；不可得而利，不可得而害；不可得而贵，不可得而贱。故为天下贵。

|注释|

①玄同：玄妙齐同的境界，即道的境界。

|译文|

有智慧的人是不多言说的，多话的就不是智者。塞住嗜欲的孔窍，闭起嗜欲的门径，不露锋芒，消解纷扰，含敛光耀，混同

尘世，这就是玄妙齐同的境界。这样就不分亲，不分疏；不分利，不分害；不分贵，不分贱。所以（这样的人）就被天下人器重。

> 我们一定要把伞打好，不然晒黑了可难看了！

说者无心，听者有意。如果我们在言语上不够谨慎，很可能会招来是非或者祸患，所以一定要谨言慎行。

塑品格

心胸豁达　适时沉默

人们常说，我们用一年学会说话，却要用一生学会闭嘴。有些人会因为一根葱、两瓣蒜、几毛钱而在菜场滔滔不绝，甚至破口大骂，而有些人即使被指责、被辱骂、被诬陷仍可以满面春风、从容以对。不同的应对方式背后是视野和格局的不同，也是愚者与智者的不同。成长的路上，我们心胸要更加豁达，注重心性的修炼和提升，用适时沉默的方式来化解问题。

| 微觉察 |

你知道《三国演义》中的杨修吗？请给大家讲一讲他和曹操之间的故事，并说一说你从中受到了怎样的启发。

第五十七章

> 用兵者要变化莫测、神出鬼没，想奇法，设奇计，出奇谋，从而出奇制胜。

> 老师，怎样是"以奇用兵"呢？

读经典

以正①治国，以奇②用兵，以无事取天下③。吾何以知其然哉？以此：天下多忌讳，而民弥贫；人多利器，国家滋昏；人多伎巧④，奇物⑤滋起；法令滋彰，盗贼多有。故圣人云："我无为，而民自化；我好静，而民自正；我无事，而民自富；我无欲，而民自朴。"

注释

①正：这里指无为、清静之道。
②奇：奇巧、诡秘；临机应变。
③取天下：治理天下。
④伎巧：指技巧，智巧。
⑤奇物：邪事、奇事。

|译文|

以无为、清静之道去治理国家，以奇巧、诡秘的办法去用兵，以不扰害人民的方式去治理天下。我怎么知道是这种情形呢？从下面这些事端上可以看出：天下的禁忌越多，人民就越陷于贫穷；人民的锐利武器越多，国家就越陷于混乱；人民的技巧越多，邪风怪事就越闹得厉害；法令越是森严，盗贼就越是不断地增加。所以圣人说："我无为，人民就自我化育；我好静，人民就自然上轨道；我不搅扰，人民就自然富足；我无欲，人民就自然淳朴。"

空城计

> 老师，为什么要"以奇用兵"呢？

> 这样既解决了双方的纷争，又最大限度地降低了人员伤亡。所以作战最高的境界是"不战而屈人之兵"。

塑品格

保持正念　出奇制胜

司马迁曾说"富者必用奇胜"，《孙子兵法》也强调了"避实而击虚""以正合，以奇胜"的战术思想。历史上以少胜多、以弱胜强的战例都说明：真正的勇武在于以最小的代价换取最大的胜利。

|微觉察|

说到出奇制胜，你知道历史上有哪些运用智慧巧妙解决问题的例子吗？请就其中一例具体说说。

第五十八章

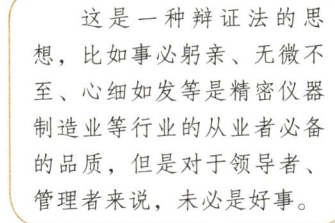

> 老师，为什么"其政察察，其民缺缺"呢？

> 这是一种辩证法的思想，比如事必躬亲、无微不至、心细如发等是精密仪器制造业等行业的从业者必备的品质，但是对于领导者、管理者来说，未必是好事。

读经典

其政闷闷①，其民淳淳②；其政察察，其民缺缺。祸兮，福之所倚；福兮，祸之所伏。孰知其极？其无正。正复为奇，善复为妖。人之迷，其日固久。是以圣人方而不割，廉而不刿（guì），直而不肆，光而不耀。

|注释|

①闷闷：昏昏昧昧的状态，有宽厚的意思。
②淳淳：淳朴厚道的意思。

译文

政治宽厚清明，人民就淳朴忠诚；政治苛酷黑暗，人民就狡黠、抱怨。灾祸啊，幸福依傍在它的里面；幸福啊，灾祸藏伏在它的里面。谁能知道究竟是灾祸呢还是幸福呢？它们并没有确定的标准。正忽然转变为邪的，善忽然转变为恶的。人们的迷惑，由来已久了。因此，圣人方正而不生硬，有棱角而不伤害人，直率而不放肆，光亮而不刺眼。

> 那领导者、管理者该怎么做呢？

> 要抓大放小、宽以待人，宜粗不宜细，切不可包揽一切、干预一切。

塑品格

居安思危　福祸相依

福祸相依，提醒我们不可得意忘形，也不要悲观绝望，因为福祸是相互依存并转化的。吃巧克力的时候，我们会觉得自己很幸福，但是牙齿被虫蛀的危险也就埋下了。走错路的时候，我们会觉得沮丧，可只要转个念头，也见到了不一样的风景。因此，遇见好事，不要乐而忘形，要有居安思危的意识；遇见坏事，也不要垂头丧气，要相信坏事背后有好事。

微觉察

有位同学在高考前持续挑灯夜战，但是依然成绩不佳，于是他非常沮丧，闭门不出。请你用"福祸相依"的道理说说该怎么开解他，给他一些希望和力量。

第五十九章

读经典

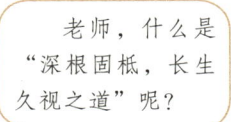

治人事天，莫若啬①。夫唯啬，是谓早服②；早服谓之重积德③；重积德则无不克；无不克则莫知其极；莫知其极，可以有国④。有国之母，可以长久；是谓深根固柢(dǐ)，长生久视⑤之道。

| 注释 |

①啬：爱惜、保养。

②早服：早做准备。

③重积德：不断地积德。

④有国：含有保国的意思。

⑤长生久视：长久地维持、长久存在。

第五十九章

|译文|

治理百姓和侍奉上天,没有比爱惜精神更为重要的了。爱惜精神,就是做到早做准备;早做准备,就是不断地积德;不断地积德,就没有什么不能攻克的;没有什么不能攻克的,就无法估量他的力量;无法估量他的力量,就可以担负治理国家的重任。有了治理国家的原则和道理,国家就可以长久维持;这就叫作根深柢固,符合长久维持之道。

做事的根本是"啬",即节俭,通过收敛心神、爱惜精神和保持虚静的方式,不断地积累德行。德行广的人事无不成。

塑品格

俭以养德　减少浪费

"啬"即通过节俭的方式积蓄力量。节俭是中华民族的传统美德,有物质上的节俭,一箪食、一瓢饮即可,减少铺张浪费;也有精神上的节俭,少思虑,消欲念,注重品格的修炼和心灵的富足。俭以养德,减少个人的欲望便是一种厚德,厚德方能承载更多。生活中,我们如何有意识地培养自己的"啬"呢?旅行时带上自己的洗漱用品,点餐时吃多少点多少……在一件件小事上不断地觉察自己的内心,让内心少些焦虑,多些安静。

|微觉察|

以下哪些做法是"啬"的智慧的表现呢?

A. 粗茶淡饭　　B. 锦衣华服　　C. 饕餮盛宴

D. 减少担忧　　E. 放心放手　　F. 相信他人

第六十章

> 煎鱼的时候，搅动得多了，小鱼就烂了。百姓就像小鱼，不去干扰太多，他们才能安居乐业。

> 老师，治国为什么像煎小鱼呢？

读经典

治大国，若烹小鲜①。以道莅(lì)天下，其鬼不神；非②其鬼不神，其神不伤人；非其神不伤人，圣人亦不伤人。夫两不相伤，故德交归焉。

注释

①小鲜：小鱼。
②非：不仅。

译文

治理大国，好像煎小鱼。用道治理天下，鬼怪起不了作用；不仅鬼怪起不了作用，神祇也不侵越人；不仅神祇不侵越人，圣人也不侵越人。鬼怪和圣人都不侵越人，就可以让人民享受到德的恩泽。

老师，这个世界上真的有鬼怪吗？

"鬼怪"有很多含义，比如自然界的旱灾、洪灾、地震、瘟疫等，比如国家发生内部动乱、遭到外族入侵、发生战争等。

塑品格

遵循规律　适时调整

"治大国，若烹小鲜"是大道无为的体现，这告诉我们凡事要遵循规律，如管理者在确定好组织的定位和方向后，不要凭着个人的主观意愿朝令夕改、忽左忽右地折腾，否则"鬼怪"滋生，人心动摇。家庭中也是如此，父母教育孩子时，不要过度说教，要遵循教育的规律，给孩子空间，让孩子自然而然地成长。

| 微觉察 |

家是最小国，良好的家风家训让家庭和睦，让家族世代繁盛。你知道以下家训的具体内容吗？请选择你受益最大的一条家训分享给大家。

A. 孔子对儿子孔鲤的庭训　　B. 诸葛亮的《诫子书》
C.《颜氏家训》　　D.《曾国藩家书》
E.《钱氏家训》

第六十一章

> 老师，什么叫作"大邦者下流"？

> 这是把大国比喻为河流，百川汇聚之处一定是低洼之地，大国居于低处，小国自然归附。

大国的风范就是对待其他国家帮危救难，扶危助弱，这样自然会成为世界追随和效仿的对象，我们中华民族就是如此。

读经典

大邦者下流，天下之牝，天下之交也。牝常以静胜牡，以静为下。故大邦以下小邦，则取小邦；小邦以下大邦，则取大邦。故或下以取，或下而取①。大邦不过欲兼畜（xù）人，小邦不过欲入事人。夫两者各得所欲，大者宜为下。

| 注释 |

①或下而取：下，谦下；取，借为聚。

译文

大国要像居于江河的下游，处于天下雌柔的位置，是天下交汇的地方。雌柔常以静定而胜过雄强，是因为静定而又能处下。所以大国对小国谦下，可以汇聚小国；小国对大国谦下，就可以见容于大国。所以有时大国谦下以汇聚小国，有时小国谦下而见容于大国。大国不要过分想统治小国，小国不要过分想顺从大国。这样大国、小国两者都可以达成愿望，大国尤其应该谦下。

塑品格

互助合作　利他共赢

看似强大的事物不一定能长久存在，比如曾统治着整个地球的恐龙，早已消逝于历史长河中；看似渺小的事物也可能有顽强的生命力，比如在自然界中不起眼的蚂蚁，遇到火灾时，它们会环抱在一起，聚成一个"球"，一起滚到远离火灾的地方，如此"抱团生存"，让这一种族延续至今。物种与物种之间如此，国家与国家之间如此，人与人之间的交往也是如此，只有相互谦让、互助合作，才能够携手在历史的长河中走得更远。

微觉察

面对全球新冠肺炎疫情，你知道中国为世界做出了怎样的贡献吗？请查阅资料，并联系生活实际谈一谈。

第六十二章

> 老师，为什么善人把道当成宝，不善的人也要依靠着它呢？

> 因为道是万物的庇荫之所。比如一棵大树，不管是善人还是不善的人，都会到树下乘凉，善人会感谢这棵树的呵护，不善的人即使没有感恩的想法，也不想离开这片清凉之地啊！

读经典

　　道者万物之奥①。善人之宝，不善人之所保。美言可以市，尊行可以加人。人之不善，何弃之有？故立天子，置三公②，虽有拱璧以先驷（sì）马③，不如坐进此道。古之所以贵此道者何？不曰：求以得，有罪以免邪？故为天下贵。

注释

　　①奥：藏，有庇荫的含义。
　　②三公：太师、太傅、太保。
　　③拱璧以先驷马：拱璧，指双手捧着贵重的玉；驷马，四匹马驾的车。古代的献礼，轻物在先，重物在后。

|译文|

"道"是庇荫万物之所。善良的人珍视它，不善的人需要求它庇护。美好的言辞可以用作社交，可贵的行为可以被人重视。不善的人，怎能舍弃道呢？所以在天子即位、设置三公的时候，虽然有拱璧在先、驷马在后的献礼仪式，还不如用道作献礼。自古以来人们把"道"看得这样宝贵，不正是由于求它庇护可以得到满足，犯了罪过也可得到它的宽恕吗？所以被天下人珍视。

塑品格

相信什么 什么帮你

你相信什么，什么便会帮你！如果相信道，道便会来帮助你，可道不容易被人相信，因为它虚无、缥缈、无形，多少人因为看不见其踪影而否定其价值。不少人选择相信有形的分数、金钱、权力，甚至因贪图这些有形之物而上当受骗，付出了巨大代价，因为相信了贪心和欲望，贪心和欲望便来"帮忙"了。所以，相信什么是一个人的智慧，选择什么，什么便来帮我们！

|微觉察|

你知道特蕾莎修女吗？从她以下的语言中，你感悟到了什么呢？

A.有人不讲道理没有逻辑、以自我为中心，不管怎样，还是要爱他们。

B.如果你做善事，人们会说你是出于自私的动机，不管怎样，你还是要做善事。

第六十三章

> 老师，什么是"细"呢?

> 就是小、微的意思，是那些看起来不起眼，不被人关注和重视的事物。

读经典

为无为，事无事，味无味。大小多少，图难于其易，为大于其细；天下难事，必作于易，天下大事，必作于细。是以圣人终不为大，故能成其大。夫轻诺必寡信，多易必多难。是以圣人犹难之，故终无难矣。

译文

以无为的态度去有所作为，以不滋事的方法去处理事务，以恬淡无味当作有味。大生于小，多起于少，处理问题要从容易的地方入手，实现远大目标要从细微的地方入手；天下的难事，一定从简易的地方做起，天下的大事，一定从细微的部分开端。因此，圣人始终不贪图大贡献，所以才能做成大事。那些轻易许下诺言的，必定很少能够兑现，把事情看得太容易，势必遭受很多困难。因此，圣人总是把容易看得困难，所以就终于没有困难了。

人人是老师　处处是学校

事事是案例

"微教育"的"微"也是细的意思。道在细微处，教育也是如此，教育智慧会在分分秒秒，在点点滴滴，在所有我们看得见和看不见的地方出现。

塑品格

脚踏实地　积少成多

不积跬步，无以至千里；不积小流，无以成江海。怀揣理想脚踏实地地走好每一步！面对难题和繁杂的事务，一个难关一个难关去过，一件事一件事去办。积少成多，聚沙成塔，只有每天的小目标实现了，才能实现全年的大目标，继而实现人生的理想。每个人的生命都是一分一秒地度过，也只有在分秒的积累中才能达成从量变到质变的蜕变。

|微觉察|

以下哪些故事或名言说明了"为大于其细"的重要性呢？

A.愚公移山

B.精卫填海

C.泰山不拒细壤，故能成其高

D.江海不择细流，故能就其深

第六十四章

> 因为很多人的眼光不够长远，耐心和恒心也不足，往往在快成功的时候选择了放弃，好可惜呀！

> 老师，做事情为什么要强调"慎终如始"呢？

> 挖了这么久也没挖到东西，不挖了！

读经典

其安易持，其未兆易谋。其脆易泮①，其微易散。为之于未有，治之于未乱。合抱之木，生于毫末②；九层之台，起于累土③；千里之行，始于足下。为者败之，执者失之。是以圣人无为故无败；无执故无失。民之从事，常于几成而败之。慎终如始，则无败事。是以圣人欲不欲，不贵难得之货；学不学，复众人之所过，以辅万物之自然而不敢为。

注释

①其脆易泮：泮，读pàn，散，解。物品脆弱就容易破裂。
②毫末：细小的萌芽。
③累土：堆土。

译文

　　局面安定时容易保持和维护，事变没有出现迹象时容易图谋。事物脆弱时容易破裂，事物细微时容易散失。处理问题要在它尚未发生以前，治理国政要在祸乱没有产生以前就早做准备。合抱的大树，生长于细小的萌芽；九层的高台，筑起于每一堆泥土；千里的远行，是从脚下第一步开始走出来的。有所作为的将会招致失败，有所执着的将会失去。因此，圣人无所作为，所以也不会招致失败；无所执着，所以也不会失去。人们做事情，总是在快要成功时失败。当事情快要完成的时候，要像开始时那样慎重，就没有办不成的事情。因此，圣人追求人所不追求的，不稀罕难以得到的货物；学习别人所不学习的，补救众人经常犯的过错，遵循万物的自然本性而不会妄加干预。

塑品格

慎终如始　善始善终

　　编筐编篓，重在收口。不管是百米赛，还是马拉松，都有冲刺的环节，这个环节决定着整场比赛的胜负。行百里者半九十，离成功越近时，越需要凝心聚力，保持警惕，奋力拼搏，这样才能取得最终的成功。

微觉察

　　你有没有"功败垂成"的时候？是什么原因导致了这一结果？

第六十五章

读经典

古之善为道者，非以明①民，将以愚②之。民之难治，以其智多③。故以智治国，国之贼④；不以智治国，国之福。知此两者亦稽式⑤。常知稽式，是谓"玄德"。玄德深矣，远矣，与物反矣，然后乃至大顺。

| 注释 |

①明：精巧。
②愚：淳朴，朴质。
③智多：多智巧伪诈。
④贼：伤害。
⑤稽式：法式、法则。稽，读jī。

| 译文 |

古代善于为道的人，不是教导人民知晓智巧伪诈，而是教导人民淳厚朴实。人民之所以难于统治，是因为他们使用太多的智巧心机。所以，用智巧心机治理国家，就必然会危害国家；不用智巧心机治理国家，才是国家的幸福。认识这两种差别，就是治国的法则。常守住这个法则，就是"玄德"。玄德又深又远，和具体的事物复归到真朴，然后才能极大地顺应于自然。

> 要把国家治理好，不能只用"术"，要用"道德"。如果每个人都追求道德的进步，国家就太平了。

> 老师，如何才能把国家治理好呢？

塑品格

大智若愚　着眼未来

"愚"是质朴、自然的另一种表述。智巧者患得患失，喜欢算计；质朴者当机立断，把握当下。智巧者看重眼前，失去将来；质朴者知晓福报，着眼未来。智巧者闹心，质朴者养心。智巧者喜欢巧取豪夺，质朴者懂得瓜熟蒂落。我们应当返璞归真，简单做人，纯粹做事。

| 微觉察 |

什么是"大智若愚"呢？请联系生活实际说一说你的理解。

第六十六章

读经典

江海之所以能为百谷王①者，以其善下之，故能为百谷王。是以圣人欲上民，必以言下之；欲先民，必以身后之。是以圣人处上而民不重②，处前而民不害。是以天下乐推而不厌。以其不争，故天下莫能与之争。

|注释|

①百谷王：百川狭谷所归附。
②重：累、不堪重负。

|译文|

江海之所以能够成为百川河流汇往的地方，是由于它善于处

第六十六章

在低下的地方，所以能够成为百川之王。因此圣人要领导人民，必须用言辞对人民表示谦下；要想领导人民，必须把自己的利益放在人民的利益后面。所以圣人虽然地位居于人民之上而人民并不感到负担沉重，居于人民之前而人民并不感到受害。所以天下的人民都乐意推戴而不感到厌倦。因为他不与人民相争，所以天下没有人能和他相争。

> 我们可以从江海那里学到什么呢？

> 我们要是能做到谦虚和礼让，就可以像江海一样广博和包容了。

塑品格

广博包容　不与人争

这个世界什么都不是我们的，所有人最终的归宿都是长眠于地下，复归于无形，为何还要争呢？这个世界什么都是我们的，目之能及，触而有感，学有所获，为何还要争呢？世界很奇妙：若好争，天将与之相争；若谦让，天将与之相让。

| 微觉察 |

有人说，家中的老大一定要让着老二，社会中的强者一定要谦让弱者。你同意以上说法吗？为什么？

第六十七章

> "三宝"指慈爱、俭啬和谦让。

> 老师，什么是"三宝"呢？

读经典

天下皆谓我道大，似不肖。夫唯大，故似不肖。若肖，久矣其细也夫！我有三宝，持而保之。一曰慈，二曰俭，三曰不敢为天下先。慈故能勇；俭故能广；不敢为天下先，故能成器长①。今舍慈且勇；舍俭且广；舍后且先；死矣！夫慈，以战则胜，以守则固。天将救之，以慈卫之。

注释

①器长：器，指万物。万物的首长。

译文

天下人都说"我道"伟大，不像任何具体事物的样子。正因为它伟大，所以才不像任何具体的事物。如果它像任何一个具体的事物，那么"道"也就显得很渺小了。我有三件法宝执守而且保全它：第一件叫作慈爱；第二件叫作俭啬；第三件是不敢居于天下人之先。有了这慈爱，所以能勇武；有了俭啬，所以能厚广；不敢居于天下人之先，所以能成为万物的首长。现在丢弃了慈爱而追求勇武，丢弃了俭啬而追求大方，舍弃了退让而求争先，结果是走向死亡。慈爱，用来征战就能胜利，用来守卫就能巩固。天要援助谁，就用慈爱来保护他。

塑品格

自我保全　慈俭不争

人人都想得到好运，可是其行为是否合乎好运之道呢？父母都希望自己的孩子可以平安幸福，可是有些父母的做法却在埋下隐患：有些父母对他人没有悲悯之心，只顾自己享受人生；有些父母过度依赖物质，用金钱衡量万物的价值；有些父母遇到事情一味发怒，甚至与他人争执扭打，不依不饶。父母的这些行为会影响孩子的价值观，如果父母希望孩子有好运，需要懂得慈、俭、不争，这是老子总结的人生得以保全的三大法宝，我们按照这个来做，方可拥有更好的运气！

| 微觉察 |

善待他人的前提是善待自己。你觉得怎样做才是善待自己的表现呢？

第六十八章

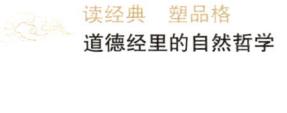

愤怒不但解决不了问题，还会因为无法克制言行举止而让事情恶化。

读经典

善为士①者，不武；善战者，不怒；善胜敌者，不与②；善用人者，为之下。是谓不争之德，是谓用人，是谓配天③，古之极也。

注释

①士：即武士，这里作将帅讲。

②不与：意为不争，不正面冲突。

③配天：符合自然的道理。

译文

善于带兵打仗的将帅，不逞其勇武；善于打仗的人，不轻易被激怒；善于胜敌的人，不与敌人正面冲突；善于用人的人，对人表示谦下。这叫作不与人争的品德，这叫作运用别人的能力，这叫作符合自然的道理，是自古以来最高的法则。

真正的英雄，勇于战胜自己，不管面临任何情况，都能保持冷静的头脑，做自己情绪的主人。

老师，真正的英雄有什么特点呢？

塑品格

控制情绪　平心静气

控制不住自己情绪的人一旦与他人产生争执，"怒"上心头，就会失去冷静，凭主观臆断做出错误的决定，继而招致危害和灾难。因此，遇事要管住嘴，稳住心，让真相飞一会儿，平心静气地认真思考，细心分辨客观现象，找到问题的症结所在，从而寻得正确的解决之道。

| 微觉察 |

你身边有爱发怒的人吗？你会用哪些语言或故事规劝他们呢？

第六十九章

> 就是"以退为进"的意思,其本质是掌握主动权,变被动为主动。

> 老师,什么是"为客""退尺"呢?

读经典

用兵有言:"吾不敢为主①,而为客②;不敢进寸,而退尺。"是谓行(xíng)无行③;攘(rǎng)无臂;扔无敌;执无兵。祸莫大于轻敌,轻敌几丧吾宝。故抗兵相若,哀者胜矣。

注释

①为主:主动进攻,进犯敌人。
②为客:被动退守,不得已而应敌。
③行:读háng,行列,阵势。

译文

用兵的人曾经这样说:"我不敢主动进犯,而采取守势;不敢前进一步,而宁可后退一尺。"这就叫作虽然有阵势,却像没有

第六十九章

阵势可摆一样；虽然要奋臂，却像没有臂膀可举一样；虽然面临敌人，却像没有敌人可打一样；虽然有兵器，却像没有兵器可以执握一样。祸患再没有比轻敌更大的了，轻敌几乎丧失了我的"三宝"。所以，两军实力相当的时候，慈悲的一方可以获得胜利。

> 当然不是，这里指"心怀慈悲"的意思。

> 老师，"哀者胜矣"中的"哀"是悲哀的意思吗？

塑品格

以退为进　蓄势待发

若想把箭射得更远，需要搭弓奋力往后拉；若想把更多的蜡烛吹灭，需要深深地向内吸气。这就是以退为进的智慧。"退"是为了观察和蓄势，看清对方的重心和弱点，明晰自己的方向，从而在合适的契机主动出击，一招制胜。

|微觉察|

"手把青秧插满田，低头便见水中天。心地清净方为道，退步原来是向前。"请你诵读这首诗，说说你从中感悟到了什么。

第七十章

> 老师，什么叫作"圣人被褐怀玉"？

> 圣人外面穿的都是粗衣，而内心如美玉一般珍贵。真正的美丽是内心的富足，而不是外表的浮华。

读经典

吾言甚易知，甚易行。天下莫能知，莫能行。言有宗①，事有君②。夫唯无知，是以不我知。知我者希，则我者贵。是以圣人被褐③怀玉。

注释

①言有宗：言论有一定的主旨。
②事有君：办事有一定的根据。
③被褐：被，读pī，穿着；褐，粗布。

译文

我的话很容易了解，很容易实行。大家却不能明白，不能实行。言论有主旨，行事有根据。正由于不了解这个道理，所以不了解我。了解我的人少，取法我的就很难得了。因而圣人穿着粗衣而内怀美玉。

> 大道至简，但是知易行难。比如坚持，人人都知道它很重要，然而真正能做到的却是凤毛麟角。因此，坚持就成了每个时代的奢侈品。

> 老师，为什么会出现"知我者希，则我者贵"的情况呢？

塑品格

擦亮双眼　看清本质

　　人不可貌相。我们要擦亮双眼，不能仅根据一个人的外表穿着就判断他的一切，也不可被表面的假象迷惑，要学会透过现象看本质。看人，重在看他的人品和德行。德行好的人，即使衣着简陋，其内在的美好品质也会通过言行举止透露出来，我们和这样的人做朋友，就不会有危险发生。

| 微觉察 |

　　当我们和一些人讲道理时，经常听到的回应是"我知道了"，但是他们真的知道了吗？请联系生活实际谈一谈你对"知道"的理解。

第七十一章

圣人有自知之明，因为他能够看到并接纳自己的缺点。

读经典

知不知，尚矣；不知知，病①也。圣人不病，以其病病。夫唯病病，是以不病。

注释

①病：毛病、缺点。

译文

知道自己有所不知道，最好；不知道却自以为知道，这是缺点。圣人没有缺点，因为他把缺点当作缺点。正因为他把缺点当作缺点，所以他是没有缺点的。

> 过能改，归于无，每个人都有不足，都会犯错，只要我们能够面对自己的过错，进而改正，错误也就没有了。

塑品格

觉察自我　不断精进

一个人最大的遗憾便是不知道却以为自己知道，导致他其实不知道自己错过了多少美好的风景！如何遇见更好的风景和人生呢？首先需要提升自己的认知，因为认知不调整，行为也不会改变。很多父母虽然很爱孩子，但是其固有认知认为不断让孩子学习各类学科知识就是爱，殊不知这样的爱常常伤害了孩子，加深了亲子间的隔阂。每个人需要不断地觉察自我，发现自己的问题，不断精进，提升自我的认知，这样才能遇见更美好的风景。

| 微觉察 |

《淮南子》一书中提到蘧（qú）伯玉"行年五十而知四十九年非"，这句话是什么意思呢？

第七十二章

人贵自知，一个人最重要的是了解自己，而不是到处炫耀。

读经典

民不畏威①，则大威②至。无狎③其所居，无厌④其所生。夫唯不厌，是以不厌。是以圣人自知不自见，自爱不自贵。故去彼取此。

注释

①威：指统治者的镇压和威慑。

②威：这个威是指人民的反抗斗争。

③无狎：狎，通狭，读xiá，意为压迫、逼迫。无狎，即不要逼迫的意思。

④厌：指压迫、阻塞。

译文

人民不畏惧统治者的威压，则更大的祸乱就要发生了。不要逼迫人民的居处，不要压榨人民的生活。只有不压榨人民，人民才不厌恶统治者。因此，圣人但求自知而不自我表现，但求自爱而不自以为高贵。所以舍去后者而取前者。

塑品格

人贵自知　做好自己

一个人向内走得有多深，就能往外走得有多远，内求永远比外求更有力量！只有真正了解我们自己，才知道什么是对自己好。如果自己是一个苹果，那么让自己变甜才是对自己好，让自己变酸就是对自己不好。但是让自己变酸却是柠檬对自己好的方式。唯有真知才有真爱，唯有真自知才能真自爱！所以，无论做事业、带团队还是学习，最重要的是了解自己而不是控制他人。

微觉察

你了解自己吗？你的梦想是什么呢？你有着怎样的优势和特长呢？

第七十三章

> 老师，什么叫作"天网恢恢，疏而不失"？

> 自然的规律适用于天地万物，万物皆遵循规律而行，没有例外。

读经典

勇于敢则杀，勇于不敢则活。此两者，或利或害。天之所恶，孰知其故？天之道，不争而善胜，不言而善应，不召而自来，繟然①而善谋。天网恢恢②，疏而不失③。

注释

①繟然：安然、坦然。繟，读 chǎn。
②天网恢恢：天网指自然的范围；恢恢，广大、宽广无边。
③失：漏失。

译文

勇于逞强就会死，勇于柔弱就可活。这两种"勇"的结果，有的得利，有的遭害。天道所厌恶的，谁知道是什么缘由？自然的规律，是不争夺而善于得胜，不说话而善于回应，不召唤而自动来到，坦然而善于筹策。自然的罗网广大无边，稀疏而不会有一点漏失。

> 我才不要走规律的大道！这条路不错，我要往这儿走。

违反规律的人大多自以为是，以为自己的做法才是正确的，但是规律是依然存在的，并不会因为人类违反而消失。

塑品格

忠厚做人　踏实做事

天网宽广宏大，网眼看着稀疏却不会漏掉任何事物。这里的天网就是天道，虽然它"不争""不言"，却不会遗漏任何事物，因为道不仅生育万物，也始终伴随万物。常言道，"人在做，天在看"，行于世间我们要忠厚做人、踏实做事，若常抱着侥幸心理做有损他人和社会的事情，定会为此付出代价。

| 微觉察 |

有人说，真正的捷径是没有捷径。你同意这样的说法吗？

第七十四章

老师,什么叫作"民不畏死,奈何以死惧之"?

老百姓不畏惧死亡,因此只是一味地强调杀戮,是无法恐吓他们的。

读经典

民不畏死,奈何以死惧之?若使民常畏死,而为奇①者,吾将得而杀之,孰敢?常有司杀者②杀。夫代司杀者③杀,是谓代大匠斫④。夫代大匠斫者,希有不伤其手矣。

注释

①为奇:奇,奇诡、诡异。为奇指为邪作恶的行为。
②司杀者:专管杀人的,指天道。
③代司杀者:代替专管杀人的。
④斫:读zhuó,砍、削。

第七十四章

| 译文 |

人民不畏惧死亡，为什么用死来恐吓他们？如果使人民真的畏惧死亡，对于为邪作恶的人，我们就可以把他抓来杀掉，谁还敢为非作歹？经常有专管杀人的去执行杀的任务。代替专管杀人的去执行杀的任务，这就如同代替木匠去砍木头一样。代替木匠砍木头的人，很少有不砍伤自己的手的啊。

塑品格

各归其位　各司其职

在现实生活中，不少人对他人不放心，对他人的事操心过度，横加干涉，甚至越俎代庖。殊不知，对别人指手画脚不仅不会使事情往自己想要的方向发展，反而会打乱原有的秩序，好心做成坏事，最终也给自己带来很多祸患，因此，"为无为"，按照自然之道行事，方可自然而然。

你这棋应该下这儿！

| 微觉察 |

什么是"各司其职"？你身边有人对你操心过度、横加干涉吗？

第七十五章

读经典

民之饥，以其上食税之多，是以饥。民之难治，以其上之有为①，是以难治。民之轻死，以其上求生之厚②，是以轻死。夫唯无以生为③者，是贤④于贵生⑤。

|注释|

①有为：繁苛的政治，统治者强作妄为。

②以其上求生之厚：由于统治者奉养过于丰厚奢侈。

③无以生为：不把丰厚奢侈作为追求的目标。

④贤：胜。

⑤贵生：厚养生命。

第七十五章

|译文|

人民之所以遭受饥荒，是由于统治者吞吃赋税太多，所以人民才陷于饥饿。人民之所以难于统治，是由于统治者政令繁苛、强作妄为，所以人民就难于统治。人民之所以轻生冒死，是由于统治者为了奉养自己，把民脂民膏都搜刮净了，所以人民觉得死了不算什么。只有清静恬淡的人，才胜于奉养奢厚的人。

> 老师，"无以生为者"为什么会"贤于贵生"呢？

> 一个人的尊贵在于精神境界的富足，而不在于终日饱食暖衣。

> 真暖和！

塑品格

减少索取 增加关怀

水可载舟亦可覆舟。夏、商、周三代，平民需要缴纳的赋税大约是收入的十分之一，君民和谐，国家安定；到春秋战国时期，民众负担进一步加重，赋税要比从前高出三倍多；而秦朝建立之后，所征收的赋税几乎是西周的二十倍，百姓食不果腹，所以秦朝的灭亡毫不意外。得人心者得天下，管理者如果能够减少索取，增加对民众的关怀，就会有长久的安乐和谐。

|微觉察|

2006年1月1日，中国全面取消了存在了两千六百多年的农业税。请你查阅相关资料，说一说这样做有什么好处。

第七十六章

> 老师,什么叫作"坚强者死之徒"呢?

> 老子观察万物,发现柔弱是生存的特征,僵硬是死亡的特征。树枝春天生长时枝条很柔软,冬天枯萎时就非常干脆。

读经典

人之生也柔弱①,其死也坚强②。草木之生也柔脆③,其死也枯槁④。故坚强者死之徒,柔弱者生之徒。是以兵强则灭,木强则折。强大处下,柔弱处上。

注释

①柔弱:指人活着的时候身体是柔软的。
②坚强:指人死了以后身体就变成僵硬的了。
③柔脆:指草木形质的柔软脆弱。
④枯槁:用以形容草木的干枯。槁,读gǎo。

|译文|

人活着的时候身体是柔软的,死了以后身体就变得僵硬。草木生长时是柔软脆弱的,死了以后就变得干硬枯槁了。所以坚强的东西属于死亡的一类,柔弱的东西属于生长的一类。因此,用兵逞强就会遭到灭亡,树木强大了就会遭到砍伐。强大的总是处于下位,柔弱的反而居于上位。

> 你们好啊!

一个人要学会身心柔软,因为言语刚强会伤人,身段刚强,就不会尊重人。

塑品格

观察自然　汲取智慧

老子有一颗清净、自然和通透的心,他以万事万物为师,透过现象看本质,从大自然和生活中获得的思考能让人醍醐灌顶。我们也应从室内走出来,和山川河流连接,与鸟兽虫鱼对话,在每一个不经意间的细微处发现自然中的大智慧。

|微觉察|

请观察一下老人的舌头和牙齿分别有什么特点,说一说你从中受到了怎样的启发。

第七十七章

> 老师，您的智慧影响了很多人，您辛苦了！

> 我什么也没有做，这都是"道"的功劳呀！

"功成而不处"是圣人的做事方式，他们有所成就而不居功。

读经典

天之道，其犹张弓与？高者抑之，下者举之；有余者损之，不足者补之。天之道，损有余而补不足。人之道①，则不然，损不足以奉有余。孰能有余以奉天下，唯有道者。是以圣人为而不恃，功成而不处，其不欲见贤。

注释

①人之道：指人类社会的一般法则、律例。

译文

自然的规律，不是很像张弓射箭吗？弦拉高了就把它压低一些，低了就把它举高一些；拉得过满了就把它放松一些，拉得不足了就把它补充一些。自然的规律,是减少有余的补给不足的。可是社会的律例却不是这样,是减少不足的来奉献给有余的人。那么,谁能够减少有余的以补给天下人的不足呢?只有有道的人才可以做到。因此,圣人有所作为而不占有,有所成就而不居功,他不愿意显示自己的贤能。

圣人会把自己多余的部分分给不足的人,并且始终保持谦和、恭敬的德行。

塑品格

余补不足　保持平衡

　　天平之所以平衡,是因为左右物品的重量均等;走路之所以平稳,是因为左右腿的长度相当。社会若想和谐稳定,就要通过余补不足的方式减少贫富差距,比如我国的脱贫攻坚战,就是维护国家长治久安的惠民工程。国家如此,人亦如此,人的自身也需要阴阳平衡,工作和休息平衡,学习和运动平衡,赞美和批评平衡,这个平衡需要我们在过程中不断调整,因为对平衡度的把握不靠头脑的思考和计算,而是需要在实践中不断摸索。

| 微觉察 |

　　各界知名人士很多都有做慈善的习惯,请你列举几人,说说他们的善举。这给你带来了怎样的启发?

第七十八章

读经典

天下莫柔弱于水，而攻坚强者莫之能胜。以其无以易之①。弱之胜强，柔之胜刚，天下莫不知，莫能行。是以圣人云："受国之垢②，是谓社稷（jì）主；受国不祥③，是为天下王。"正言若反④。

|注释|

①无以易之：易，替代、取代。意为没有什么能代替它。
②受国之垢：垢，屈辱。意为承担全国的屈辱。
③受国不祥：不祥，灾难，祸害。意为承担全国的祸难。
④正言若反：正面的话好像反话一样。

|译文|

世间没有比水更柔弱的，冲击坚强的东西没有能胜过它。因

第七十八章

为没有什么能代替它。弱胜过强，柔胜过刚，天下没有人不知道，但是没有人实行。因此圣人说："承担全国的屈辱，才配称国家的君主；承担全国的祸难，才配做天下的君王。"正面的话说出来就好像反话一样。

真正强大的力量是守弱，一个人有柔韧的意志和百折不挠的精神就能成功，而不是一味地逞强显能，半途而废。

塑品格

柔中带刚　弱中有强

小时候，我们时常被灌输一种争先、争强的思想，于是很多人都变得争强好胜起来。其实，真正的强者是像水一样不争而柔软的，他们心中有责任、使命和担当，具备吃苦和吃亏的精神。所以，不建议给自己和孩子植入竞争胜利的思维方式，而应种下滋养利他的品格种子。

| 微觉察 |

关于"柔弱"的意思，以下两种说法你赞同哪一种？为什么？

A.软弱无力　　　　　　　　B.坚韧无比

第七十九章

老师，为什么"天道无亲"？

天心是平等的，没有偏向任何一个人的想法。

读经典

和大怨，必有余怨，安可以为善？是以圣人执左契①，而不责②于人。有德司契，无德司彻③。天道无亲④，常与善人。

注释

①契：契约。
②责：索取所欠。
③司彻：掌管税收的官职。
④无亲：没有偏亲偏爱。

译文

和解深重的怨恨，必然还会残留下残余的怨恨，这怎么可以算是妥善的办法呢？因此，圣人保存借据的存根，但并不以此强迫别人偿还债务。有德之人就像持有借据的圣人那样宽容，无德之人就像掌管税收的人那样苛刻习诈。自然规律对任何人都没有偏爱，永远帮助有德的善人。

老师，"天道"为什么"常与善人"呢？

上天对万物有慈爱之心，善人也是如此护佑生灵，他们的心相互感应沟通，善人自然就会得到上天的帮助了。

塑品格

忘记不好　铭记美好

善人往往能够同时看到事物好坏的两个方面。他们用美好、光明的一面使自己保持愉快、向上的心态，用丑恶和黑暗的一面来警醒自己。我们要多向善人学习，多一些正向思维，多一些谦逊包容。对于别人的过错给自己造成的伤害，要善于忘记；对于滴水之恩，当涌泉相报。

| 微觉察 |

你觉得"以德报怨""以怨报怨""以直报怨"有什么不同？为什么？

第八十章

> 就是国土不大，人口稀少，人民欲望淡泊。

> 老师，什么是"小国寡民"呢？

读经典

小国寡民。使有什伯之器①而不用；使民重死②而不远徙③。虽有舟舆(yú)，无所乘之；虽有甲兵，无所陈之。使民复结绳④而用之。甘其食，美其服，安其君，乐其俗。邻国相望，鸡犬之声相闻，民至老死不相往来。

注释

①什伯之器：各种各样的器具。什伯，读shí bǎi，意为极多，多种多样。

②重死：看重死亡，即不轻易冒着生命危险去做事。

③徙：迁移、远走。

④结绳：文字产生以前，人们以绳记事。

译文

国家狭小人民稀少。即使有各种各样的器具却并不使用；

使人民看重死亡而不向远方迁徙。虽然有船只车辆却不必总是坐它；虽然有武器装备却没有地方布阵打仗。使人民再回归到远古结绳记事的状态之中。人民吃得香甜，穿得漂亮，住得安适，过得快乐。国与国之间互相望得见，鸡犬的叫声都可以听得见，但人民从生到死也不互相往来。

> 老师，为什么会"民至老死不相往来"呢？

> 小国与小国之间没有税收，没有兵战，民风淳朴，大家都过着自给自足的生活，也就无须往来了。

塑品格

精简所需　摒弃妄念

大道至简，返璞归真！老子眼中的理想国是一个宁静、没有欲望的和谐社会，如何达到这种平和的状态呢？他用这样的话作了总结："甘其食，美其服，安其居，乐其俗。"即在满足了基本的物质需求之后，我们更需要通过精简自己的生活所需，摒弃心中的妄念执着，减少觥筹交错，回归内心，感受平日生活中平静简单而美好的存在，而不是在忙忙碌碌中迷失自我。回归自然，让生命在自然的博大空间中诗意栖息、自由呼吸，自然而然。

| 微觉察 |

请检视一下自己的生活：衣柜里是不是有许多衣服没穿过几次？家里是不是囤积了一些生活用品却很少用完？时间是不是浪费在了没有意义的事情上？那接下来该怎么办呢？请你想一想，说一说，并立刻去行动。

第八十一章

读经典

信言①不美，美言不信。善者②不辩③，辩者不善。知者不博④，博者不知。圣人不积，既以为人己愈有，既以与人己愈多。天之道，利而不害；圣人之道，为而不争。

|注释|

①信言：真实可信的话。
②善者：言语行为善良的人。
③辩：巧辩、能说会道。
④博：广博、渊博。

|译文|

真实可信的话不漂亮，漂亮的话不可信。善良的人不巧辩，巧辩的人不善良。真正有知识的人并不认为自己广博，认为自己

广博的人不是真有知识。圣人不存占有之心，而是尽力照顾别人，他自己也更为充足；他尽力给予别人，自己反而更丰富。自然的规律，是让万事万物都得到好处而不伤害它们；圣人的行为准则，是帮助万物而不跟它们争夺。

老师，圣人为什么不与万物相争呢？

因为圣人心中装的是天下，他们关注的是整个人类的幸福与自由，这是道德的至高境界。

塑品格

心怀天下　利他舍得

小聪明的人往往看不懂大智慧的人，因为小聪明之人往往在算自己的利益和好处，发现有些人不为自己争名夺利，便觉得这些人很傻，不能理解！要知道得道的人很多看上去傻傻的，说话也不多。其实这是大智若愚、平心静气的一种表现。这样的人往往不为自己谋福利，心怀天下；不计较个人得失，利他舍得！大智若愚、平心静气、心怀天下、利他舍得，这些性格品质往往能给大智慧之人带来更多的好运。因为人算不如天算，合乎天地之道，方可得天地相助！

| 微觉察 |

请把你所知道的圣人和伟人的名字罗列出来，他们身上有哪些可贵的精神品格对你产生了影响？

后 记

　　我喜欢读经典，经典是人类智慧的结晶，《道德经》《论语》《易经》等都是我的最爱，经典中有智慧、有能量、有空间，跨越千年岁月依然熠熠生辉。

　　这些经典中也蕴含着许多的品格教育内容，例如：《论语》中的"己所不欲，勿施于人"教导人们要换位思考，《道德经》中的"飘风不终朝，骤雨不终日"告诉我们一切都是无常的，再坏的事情也会过去。《易经》中的"天行健，君子以自强不息。地势坤，君子以厚德载物"告诉我们要耕心种德。这些经典中包含着重要的人生哲学和思维方式，我也希望更多的青少年可以多读经典，感悟自己的人生。

　　当然，这些经典跨越了千年，古文言并不容易理解。如何能让这些宝贵的经典更贴近现在的青少年，让他们更早感受到其中的精髓和美妙，并通过对经典的学习来塑造品格？所以，我们策划了"读经典　塑品格"系列图书，通过解读经典，再结合当今实例来引导青少年形成正确的人生观和价值观。

　　《道德经中的自然哲学》是本系列图书的第二本。《道德经》

中蕴含着老子对自然、世界、宇宙和人类社会的探寻与解读。老子提出的"道"难以用语言描述，所以老子开篇便说"道可道，非常道"，但是难以描述的"道"却带来无限的美妙，所以"玄之又玄，众妙之门"。老子的《道德经》不仅影响了中国，也深深影响着世界，据说，德国几乎每家都有《道德经》，可见此书的价值！所以，我特别希望更多的青少年能够体悟《道德经》中的智慧。本书通过"原文""译文""插画""塑品格""微觉察"等多种形式，从品格角度来解读《道德经》全书八十一章的内容，相信哪怕仅悟到其中一句话，我们也可受益终身。当然，不同的人，甚至一个人在不同的年龄对同一本的解读、体悟都可能有所不同，只是自然之中不求完美，而是不断地完善，所以，让我们在共同探讨中更加靠近经典能量，启迪内在智慧。

非常感谢"爱自然生命力"体系创始人林青贤（字恒辰）先生，上海交通大学特聘教授、人文学院国学研究中心主任杜保瑞先生为本书作序，感谢何亚珂老师、张煜老师、谢晨老师、李娟老师、柏沐芸老师以及所有为此书出版付出努力的伙伴。我们很努力地想把此书做好，但依然有很多不足之处，还请大家多提宝贵意见！

期待着包括青少年在内的广大读者能够通过此书思考自己的人生，不负韶华，为天地立心，为生民立命，为往圣继绝学，为万世开太平。

朱晓平

2022 年 12 月 7 日